D1746366

natürlich oekom!

Mit diesem Buch halten Sie ein echtes Stück Nachhaltigkeit in den Händen. Durch Ihren Kauf unterstützen Sie eine Produktion mit hohen ökologischen Ansprüchen:

- 100 % Recyclingpapier
- mineralölfreie Druckfarben
- Verzicht auf Plastikfolie
- Kompensation aller CO_2-Emissionen
- kurze Transportwege – in Deutschland gedruckt

Weitere Informationen unter www.natürlich-oekom.de
und #natürlichoekom

natürlich oekom · nachhaltig seit 1989

IMPRESSUM

Bibliografische Information der Deutschen Nationalbibliothek:
Die Deutsche Nationalbibliothek verzeichnet diese Publikation in der Deutschen Nationalbibliografie; detaillierte bibliografische Daten sind im Internet über www.dnb.de abrufbar.

Erschienen 2024 im oekom verlag, München
oekom – Gesellschaft für ökologische Kommunikation mbH
Goethestraße 28, 80336 München
+49 89 544184–200
www.oekom.de

© Marlene Münsch, Maximilian Wloch, Lisa Sophie Walsleben, Samira Iran, Viola Muster, Jasmin Beppler

DESIGN UND LAYOUT: Katharina Broeckelmann
LEKTORAT: co2online gGmbH
Umschlaggestaltung: Katharina Broeckelmann
ZITIERVORSCHLAG: Münsch, M., Wloch, M., Walsleben, L. S., Iran, S., Muster, V., & Beppler, J. (2024). Kompass Konsumreduktion: Der Ratgeber zur Befreiung vom Überfluss. oekom.
DRUCK: Elanders Waiblingen GmbH, Waiblingen

Dieses Werk ist lizenziert unter der Creative-Commons-Lizenz CC BY-NC-ND 4.0. Diese Lizenz erlaubt das Vervielfältigen und Weiterverbreiten des Werkes, nicht jedoch seine Veränderung und seine kommerzielle Nutzung. Die Verwendung von Materialien Dritter (wie Grafiken, Abbildungen, Fotos, Auszügen etc.) in diesem Buch bedeutet nicht, dass diese ebenfalls der genannten Creative-Commons-Lizenz unterliegen. Stehen verwendete Materialien nicht unter der genannten Creative-Commons-Lizenz, ist die Einwilligung des jeweiligen Rechteinhabers für die Weiterverwendung einzuholen.

In dem vorliegenden Werk verwendete Marken, Unternehmensnamen, allgemein beschreibende Bezeichnungen etc. dürfen nicht frei genutzt werden. Die Rechte des jeweiligen Rechteinhabers müssen beachtet werden, und die Nutzung unterliegt den Regeln des Markenrechts, auch ohne gesonderten Hinweis.

Alle Rechte vorbehalten
ISBN: 978-3-98726-120-6
E-ISBN: 978-3-98726-380-4
https://doi.org/10.14512/9783987263804

RECYCLED
Papier aus Recyclingmaterial
FSC® C016368

Marlene Münsch, Maximilian Wloch,
Lisa Sophie Walsleben, Samira Iran,
Viola Muster, Jasmin Beppler

KOMPASS KONSUMREDUKTION

Der Ratgeber zur Befreiung vom Überfluss

oekom

INHALT

1.
WELCHE EINBLICKE BIETET DER RATGEBER?

WELCHE EINBLICKE BIETET DER RATGEBER?

1.1 WAS IST DAS ZIEL DIESES RATGEBERS?

Du hast zu viel Zeug in deinen vier Wänden und möchtest Platz schaffen oder mehr Klarheit über deinen Besitz bekommen? Dieser praktische Ratgeber unterstützt dich beim nachhaltigen Ausmisten. Es geht also nicht nur darum, Dinge loszuwerden. Vielmehr kann das Ausmisten eine gute Gelegenheit sein, dich intensiv und kritisch mit deinem Konsumverhalten und deinen Bedürfnissen auseinanderzusetzen. So kannst du Möglichkeiten entdecken, wie du deinen Besitz langfristig reduzierst.

1.2 WAS ERWARTET DICH?

Der erste Teil des Ratgebers gibt dir einen theoretischen Einblick in die gegenwärtige Konsumgesellschaft und die Probleme, die damit einhergehen. Du wirst außerdem mehr über die aktuellen Trends des Minimalismus und Ausmistens und deren Risiken und Chancen für mehr Nachhaltigkeit erfahren. Folgende Fragen stehen hier im Fokus: Warum besitzen wir alle so viele Dinge? Welche Folgen hat der Konsum? Kann weniger auch mehr sein?

Im zweiten Teil des Ratgebers geht es um die praktische Umsetzung im Alltag. Sich mit dem Loslassen von Dingen zu beschäftigen, kann überfordernd sein. Daher geben wir dir in jedem Schritt praktische Anregungen und Tipps an die Hand, wie du dein eigenes Konsumverhalten besser verstehen und verändern kannst. Diese lassen sich meist schnell umsetzen und ermöglichen dir erste Erfolgserlebnisse. Begib dich in den folgenden vier Phasen auf eine Reise durch deine eigene Konsumwelt:

PHASE 1: INTROSPEKTION
Deinen Besitz praktisch erkunden und reflektieren: Welche Dinge sind dir wichtig?

PHASE 2: REDUKTION
Achtsam Dinge loswerden: Welche Dinge willst du ausmisten?

PHASE 3: WEITERGABE
Den Dingen einen neuen Zweck geben: wohin mit den aussortierten Sachen?

PHASE 4: DRANBLEIBEN
Die Kunst zu widerstehen: Wie gelingt es, weniger zu kaufen?

MÖGLICHE NEBENWIRKUNGEN DIESES RATGEBERS:

- Du entwickelst ein Verständnis für deine Beziehung zu Dingen und was sie für dich bedeuten.
- Du schaust hinter die Kulissen des Minimalismustrends und erkennst die Risiken für Nachhaltigkeit.
- Du reduzierst Ballast und gewinnst mehr Kontrolle über deine Bedürfnisse und Anschaffungen.
- Du entkommst der Konsumfalle und triffst bewusstere Entscheidungen.

Das sagen Menschen, die diese Übungen zum achtsamen Ausmisten bereits ausprobiert haben:

> *„Es macht Spaß, sich mit den Übungen auseinanderzusetzen, und motiviert zu einem reflektierten Umgang mit unseren Ressourcen."*

> *„Spannende Übungen! Ich bin durch meine Wohnung gelaufen und beeindruckt, wie viele Dinge ich besitze."*

ENTSCHEIDE NUN SELBST, WIE DU DIESEN RATGEBER NUTZT:

Du willst mehr zum theoretischen Hintergrund erfahren und warum es sich lohnt, Ausmisten und Nachhaltigkeit zu verbinden? Dann lies auf der nächsten Seite weiter!

Du willst gleich zur Praxis? Dann springe direkt zum praktischen Teil auf Seite 18!

2. THEORETISCHER HINTERGRUND

THEORETISCHER HINTERGRUND

2.1 ALLE UNSERE DINGE – GRÜNDE UND FOLGEN VON ÜBERKONSUM

Warum haben viele Menschen das (regelmäßige) Bedürfnis auszumisten? Wie kommt es, dass wir so viele Dinge besitzen? Der wohl wichtigste Grund dafür ist, dass wir in einer sogenannten Konsumgesellschaft leben. Das heißt, ein „Überfluss an Dingen" ist unser gesellschaftlicher Normalzustand. Wir kaufen Dinge, die wir nicht brauchen. Wir besitzen vieles, was wir gar nicht nutzen. Zudem werfen wir Dinge weg, die eigentlich noch funktionieren.

Um es konkret zu machen:

1 Milliarde

Von ca. 5 Milliarden Kleidungsstücken in deutschen Kleiderschränken werden ca. 1 Milliarde nie, eine weitere Milliarde weniger als viermal pro Jahr getragen.[1]

<50 %

Mehr als die Hälfte der Deutschen nutzt ein Smartphone, das maximal ein Jahr alt ist. Nur 11 Prozent nutzen ein Smartphone, das älter als 3 Jahre ist.[2] Mehr als 200 Millionen Althandys lagern schätzungsweise in deutschen Schränken.[3]

483 kg

Jede:r Deutsche verursacht jährlich 483 Kilogramm Abfall.[4] Darunter sind allein rund 10 Kilo Elektroschrott.[5]

2–3-mal

Informations- und Kommunikationsgeräte sowie Fahrzeuge werden längst nicht nur in einzelner Ausführung besessen, sondern zunehmend auch zweifach oder dreifach pro Haushalt.[6]

2.1.1 WARUM BESITZEN WIR SO VIEL?

Kaufangebote sind allgegenwärtig und besonders im Internet rund um die Uhr verfügbar. Wir sind umgeben von riesigen Warensortimenten. Die Modetrends wechseln schnell. Die Preise vieler Produkte sind niedrig, und überall umgibt uns Werbung. Die Gesamtinvestitionen in Werbung in Deutschland – also in Maßnahmen, die nur dazu führen sollen, dass (mehr) konsumiert wird – lagen im Jahr 2022 bei rund 48 Milliarden Euro.[7] Es ist also nicht verwunderlich, dass so viel gekauft wird.

Aber Kaufen ist noch mehr. Der Konsum von Dingen erfüllt viele verschiedene Funktionen. Sich ein „Ding“ anzueignen, fühlt sich für viele einfach gut an. Shoppen ist zur Freizeitbeschäftigung geworden. Zudem erfüllen Konsumgüter viele soziale und ichbezogene Bedürfnisse durch sogenannte symbolische Funktionen. Symbolisch heißt, es geht um die Wirkungen, die einem Ding durch Werbung und Gesellschaft zugeschrieben werden. So kommt es, dass eine Jeans dich (vermeintlich) cool machen kann, ein Duschbad sexy und ein Auto erfolgreich.[8]

Die symbolischen Funktionen des Konsums können sich nach außen und nach innen richten.[9, 10] Nach innen gerichtet, dient Konsum etwa der Lustbefriedigung, der Verbesserung des Selbstwertgefühls oder zum Ausgleich für bestehende Mängel und wahrgenommene Defizite.[11] Nach außen gerichtet, helfen uns Dinge, den eigenen Status oder die Zugehörigkeit oder Abgrenzung zu bestimmten sozialen Gruppen zu demonstrieren.

2.1.2 WELCHE FOLGEN HAT UNSER KONSUM?

Längst ist aus psychologischen Studien bekannt, dass Menschen, die eher materialistisch ausgerichtet sind – also Menschen, denen Geld, Wertgegenstände, hohes Einkommen, Statussymbole wie Autos und teure Kleidung besonders wichtig sind –, weniger Lebensfreude und Wohlbefinden verspüren.[12, 13]

Kurzfristig mag es sich gut anfühlen, etwas Neues zu kaufen und zu besitzen – aber langfristig zahlt sich das selten aus. Außerdem geht der Besitz an Dingen auch mit neuen Aufgaben und Verpflichtungen einher. Neue Produkte müssen zum Beispiel entpackt, ausprobiert, verstaut, gepflegt oder repariert werden. Unübersichtlichkeit und Unordnung durch zu viele Dinge wirken zudem belastend auf Menschen.

Aus ökologischer Perspektive ist ein hoher Konsum von Gütern ebenfalls problematisch. Denn durch die Produktionsprozesse werden in großem Umfang Energie, Ressourcen und Flächen verbraucht. Gleichzeitig entstehen große Mengen an Abfall, die noch heute größtenteils verbrannt statt recycelt werden und zudem Emissionen erzeugen. Das trägt zum Klimawandel bei.

Unsere materialistische Konsumgesellschaft wirft also Probleme und Fragen auf: an uns als Gesellschaft, aber auch an dich als Person. Möglicherweise können wir uns abwenden von der „Je mehr, desto besser“-Denkweise, hin zu „Genug ist genug“ oder „Weniger ist mehr“. Warum nicht nur die Umwelt, sondern auch du davon profitieren kannst, erfährst du im nächsten Kapitel.

FAZIT

- Viele gekaufte Dinge werden nicht genutzt oder weggeworfen, obwohl sie eigentlich noch funktionieren.
- Unser Konsum hat eine symbolische Funktion, um Status und Zugehörigkeit zu demonstrieren.
- Ein starker Fokus auf Materielles hat negative Folgen für das eigene Wohlbefinden und die Umwelt.

2.2 WENIGER IST MEHR – SEIN STATT HABEN

Gegenbewegungen zur materialistischen Konsumgesellschaft gibt es schon lange. Bekannt geworden sind beispielsweise Menschen, die ein „einfaches Leben“ führen oder sich sogar dem „Antikonsum“ verschrieben haben.[14] Doch spätestens seit dem Netflix-Erfolg von „Aufräumen mit Marie Kondo“ oder „Minimalismus: Weniger ist jetzt“ hat Minimalismus als Lifestyletrend auch ein Mainstreampublikum erreicht. Damit ist er auch in den Köpfen und Wohnungen vieler Menschen angekommen.

FUN FACT AUS DEM FORSCHUNGSPPROJEKT

47 %

In unserem Projekt haben wir herausgefunden, dass sehr vielen Menschen ihre sozialen Beziehungen und Erlebnisse besonders wichtig sind.

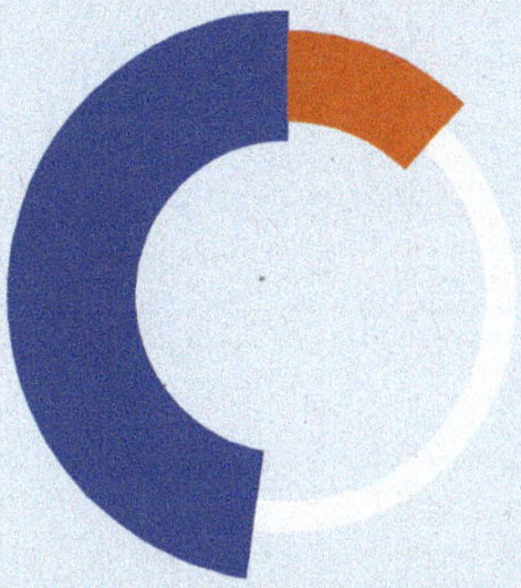

9 %

Andererseits hielten nur wenige der Befragten materielle Besitztümer für besonders wichtig in ihrem Leben.[15]

> *Erlebnisse sind wichtiger als Krempel. Meine Motive etwas zu kaufen haben häufig nichts damit zu tun, dass ich diese Sache wirklich brauche.“*

Doch was bedeutet Minimalismus im ursprünglichen Sinne? Zentrale Merkmale des Minimalismus sind das Auskommen mit wenig Besitz, ein reduziertes und bewusstes Konsumverhalten, eine verringerte Bedeutung von materiellen Gütern für das eigene Glück und oftmals eine schlichte Ästhetik.[16]

Das grundlegende Versprechen des Minimalismus ist, dass weniger Besitz zu einem sinnerfüllteren Leben und mehr persönlichem Glück führen kann.[17] Was ist dran an dieser Gleichung?

2.2.1 WENIGER BESITZ – MEHR WOHLBEFINDEN!

Nicht nur die Popkultur, auch die Wissenschaft liefert Hinweise darauf, dass Menschen nach ihrer Abkehr von Materialismus und Konsumkultur mehr im Einklang mit ihren Werten leben. Außerdem leiden sie ohne die Last von übermäßigem Besitz weniger unter Stress und Ängsten.[18] Offenbar tut es gut, das eigene Glück von materiellen Dingen abzukoppeln und den Fokus nach innen zu richten. Studien bestätigen, dass ein Leben in „freiwilliger Einfachheit“, also ein Leben ohne übermäßigen Besitz und Konsum, mit Wohlbefinden einhergeht. Studienteilnehmende berichten von mehr Lebenszufriedenheit, Achtsamkeit, Unabhängigkeit und sogar verbesserten Beziehungen.[19]

2.2.2 AUSMISTEN ALS EINSTIEG IN EIN LEBEN MIT WENIGER?

Durch unzählige Bücher, Vlogs und Fernsehshows mit Aufräumcoaches wie Marie Kondo hat Ausmisten in den letzten Jahren an medialer Beachtung gewonnen. Mit ihrer KonMari-Methode beschreibt die Expertin anhand von fünf Grundprinzipien ihren Ansatz zum Aufräumen und Organisieren. Viele sind dem Trend gefolgt und haben motiviert ihre Schränke, Keller und Garagen entrümpelt. Aber was ist Ausmisten genau?

Dem Ausmisten gehen zunächst die eher unsichtbaren Tätigkeiten wie Sortieren, Organisieren und Lagern voraus. Sobald sich dann gefühlt zu viele Dinge anhäufen, entsteht das Bedürfnis auszumisten, also Dinge zu identifizieren, die nicht mehr benötigt werden, und diese anschließend loszuwerden.[20] Damit ist Ausmisten Teil der immer wiederkehrenden Arbeiten im Haushalt rund um den Kauf, die Nutzung, die Wiederverwendung und die Entsorgung von Gütern.[21] Obwohl das Ausmisten in unserer Konsumgesellschaft eine Form der Hausarbeit ist, wird es im aktuellen Minimalismusdiskurs eher als Ausdruck der Selbstfürsorge verstanden.[22]

Aber warum ist Ausmisten überhaupt zu so einem großen Trend geworden? Was ist so befriedigend daran? Zum einen geht es um das Wiedererlangen von Kontrolle über die eigene Umgebung. Dinge loszuwerden, die keinen Nutzen haben und keine Freude machen, kann für mehr Klarheit und Ordnung sorgen. Plötzlich weiß man wieder ganz genau, welche Kleidungsstücke im Schrank sind und wo welcher Stift zu finden ist. Durch diesen bewussten Prozess des Loslassens kann sich auch eine *innere* Klärung und Ordnung einstellen, möglicherweise sogar Erleichterung, Gelassenheit und Freude. So berichten viele Menschen, dass sie nach dem Ausmisten mit dem neuen, übersichtlichen Wohnumfeld zufrieden sind und ein besseres Bewusstsein für die Dinge um sie herum entwickelt haben.[23]

Ein weiterer Vorteil des Ausmistens: Wer nicht mehr so viel Zeit mit der Suche nach Gegenständen verbringt, hat mehr Zeit für die wirklich wichtigen Dinge im Leben. Auch der Wohnungsputz geht mit weniger Dingen schneller von der Hand. Die gewonnene Zeit kann zum Beispiel für Hobbys oder soziale Kontakte genutzt werden. Zudem kann Ausmisten dazu führen, bestimmte Erfahrungen intensiver wahrzunehmen und mehr Freude an Erlebnissen im Freundeskreis und mit der Familie zu verspüren. Mitunter kann Ausmisten eine so prägende Erfahrung sein, dass Menschen nicht nur den Besitz, sondern auch andere Lebensbereiche, wie Finanzen oder die Wohn- und Arbeitssituation, hinterfragen und verändern.[24] Mit weniger Ausgaben bleibt dann auch mehr Geld für Dinge, die einem wirklich am Herzen liegen.

Ausmisten kann sogar ermöglichen, die eigene Identität neu zu definieren. Die Fragen „Wer bin ich?", „Was brauche ich?" und „Was macht mich glücklich?" helfen dabei herauszufinden, welche Dinge uns im Leben wichtig sind. Sie können aber auch dabei helfen, den eigenen Geschmack und die eigene Individualität zu entdecken. Das bewusste Verkleinern des Besitzes kann also förderlich für den Selbstausdruck sein.[25]

Ausmisten ist oft ein erster Einstieg in das Leben mit weniger Dingen. Allerdings sorgt das nicht automatisch für weniger oder einen nachhaltigeren Konsum. Es ist vor allem das reduzierte und bewusste Konsumverhalten nach dem Ausmisten, das mehr Nachhaltigkeit in dein Leben bringt.[26]

2.2.3 WENIGER KONSUM – MEHR NACHHALTIGKEIT!

Welche Rolle spielt Konsum eigentlich für die Nachhaltigkeit? Mobilität, Lebensmittel und Wohnen sind hauptverantwortlich für den CO_2-Fußabdruck von Privathaushalten.[27] Jedoch sorgt auch der Konsum von Gütern gerade in Ländern mit hohem Pro-Kopf-Einkommen für erhebliche Treibhausgasemissionen.[28]

Wenn wir unseren Konsum reduzieren, tragen wir auch aktiv dazu bei, den CO_2-Fußabdruck zu verringern. Nicht nur dem Klima, sondern auch der Umwelt kommt es zugute, wenn wir weniger konsumieren. Denn weitere Probleme des Überkonsums sind die Erschöpfung natürlicher Ressourcen,[29] das Erzeugen von Abfall und die damit verbundene Umweltverschmutzung.[30] Je länger wir ein Produkt nutzen und je weniger wir neu kaufen, desto weniger Ressourcen werden für die Produktion und den Unterhalt von Gütern eingesetzt und desto weniger Abfall fällt durch den Gebrauch oder die Entsorgung an.[31]

Beim „echten" minimalistischen Leben steht nicht das Ausmisten im Vordergrund, sondern es geht um eine Neuausrichtung hin zu *bewusstem Konsum*, einer *langen Nutzung von Gütern* und einem Fokus auf *langlebige Produkte* bei der Neuanschaffung.[32] An dieser Stelle tun sich Schnittstellen zur *„Suffizienz"* auf — eine Nachhaltigkeitsstrategie und Lebensweise, die auf eine Reduktion des Ressourcenverbrauchs durch weniger Nachfrage nach Konsumgütern und Dienstleistungen abzielt.[33]

2.2.4 SHARING — WENIGER BESITZ UND KONSUM BEDEUTEN NICHT ZWANGSLÄUFIG VERZICHT

Die Entscheidung, weniger zu besitzen und neu anzuschaffen, muss nicht mit Verzicht einhergehen. Carsharing ermöglicht zum Beispiel, ein Auto genau dann nutzen zu können, wenn du es brauchst. Werkzeug und Outdoorprodukte kannst du auf spezialisierten Plattformen ausleihen, sodass Bohrmaschinen und Zelte nicht ungenutzt im Keller lagern müssen. Kleidung und Schmuck für den besonderen Anlass müssen nicht im Schrank Staub ansetzen — auch das kannst du mieten. Kleine Alltagshelfer wie das Waffeleisen oder den Extrastuhl für die Geburtstagsfeier kannst du in der Nachbarschaft erfragen. Den netten Kontakt zur Hausgemeinschaft gibt es obendrein gratis dazu!

2.2.5 EXKURS: ERICH FROMM UND DIE EXISTENZWEISE DES SEINS

In seinem Buch „Haben oder Sein“[34] stellt der Psychoanalytiker Erich Fromm die Existenzweise des Seins der des Habens gegenüber

Die Existenzweise des Habens
Fromm beobachtet, dass industrielle Gesellschaften auf den Prinzipien *Erwerben, Besitzen und Gewinnmachen* aufbauen, die seiner Argumentation nach in den Charakter der Menschen übergehen. Folgen davon sieht Fromm u.a. im unreflektierten, wiederholten Aneignen von Dingen und darin, dass der Mensch in letzter Konsequenz seine Identität auf sein Privateigentum gründet. Da mit Besitz keinerlei Verpflichtungen einhergehen, er nicht geteilt wird und seine Herkunft nicht hinterfragt wird, verschärft diese Mentalität die herrschenden wirtschaftlichen, sozialen und ökologischen Krisen. Die Existenzweise des Habens ist laut Fromm leblos, isoliert und entmenschlicht sowie geprägt von einer großen politischen Ohnmacht.

Die Existenzweise des Seins
In der Existenzweise des Seins verfolgt der Mensch laut Fromm dagegen seine individuellen Talente und Begabungen, übt sich in der kritischen Vernunft und handelt gemäß den eigenen Werten. Sein Wohlbefinden gründet sich auf diesen Aktivitäten und Erlebnissen – und nicht auf Besitz. Das menschliche Bedürfnis nach Liebe und Solidarität mit anderen ist richtungsweisend, dabei nehmen Geben und Teilen eine zentrale Rolle ein. Die Existenzweise des Seins ist u.a. geprägt von Humanismus, künstlerischem und intellektuellem Schaffen, von Verbundenheit und wirtschaftlicher, sozialer und ökologischer Nachhaltigkeit, von politischer Mitbestimmung sowie vernünftigem Konsum.

FAZIT

- Der Minimalismus ist eine Gegenbewegung zur materialistischen Konsumgesellschaft.
- Menschen, die minimalistisch leben, versuchen, sich aktiv von Besitz und Überkonsum loszusagen. Ein Startpunkt für das Leben mit weniger Dingen ist das Ausmisten.
- Weniger Besitz geht bei vielen Menschen mit einem gesteigerten Wohlbefinden, einem stärkeren Bewusstsein für die eigenen Prioritäten im Leben, mehr Zeit für persönliche Beziehungen und Erlebnisse sowie mit weniger Stress und Ängsten einher.

2.3 DIE SCHATTENSEITE: AUSMISTEN UND MINIMALISMUS ALS KONSUMFALLE?

Ausmisten kann ein Einstieg in ein Leben mit weniger sein. Doch wenn wir nach dem Ausmisten genauso weiterkonsumieren wie bisher, füllen sich Schränke und Wohnungen schnell wieder. Hast du auch schon mal beobachtet, dass sich der neu geschaffene Platz durch Neuanschaffungen schnell wieder füllt? Du bist mit dieser Erfahrung nicht allein.

(NOT SO) FUN FACT AUS DEM FORSCHUNGSPROJEKT

Ausmisten führt nicht immer dazu, dass der Besitz langfristig reduziert wird. So berichten viele Personen von der Erfahrung, dass sich der frei gewordene Platz nach dem Ausmisten schnell wieder gefüllt hat. Grund dafür sind – laut der Aussage der Befragten – alte Verhaltensmuster und die vielen Neuanschaffungen. Bei einigen hat das Ausmisten aber bewirkt, dass sie langfristig weniger haben. Wie war das bei dir in der Vergangenheit?

Manchmal verleiten uns leider genau jene Trends zu Konsum, die eigentlich eine Reduktion nahelegen. Wo liegen die Gefahren beim Minimalismus und Ausmisten? Dem wollen wir auf den Grund gehen.

2.3.1 DIE NEUE ÄSTHETIK DES MINIMALISMUS

Das minimalistische Erscheinungsbild des populären Minimalismus ist oberflächlich eine schöne Begleiterscheinung. Gleichzeitig ist es ein Risiko für mehr Konsum. Es propagiert einfache Designs, klare Linien und monochrome Farben.[35] Eine minimalistisch eingerichtete Wohnung zeichnet sich beispielsweise nicht nur durch wenige Möbel aus. Es sind oftmals Gegenstände in wiedererkennbarem minimalistischem Design: ein Tisch und Sofa mit klaren Linien, Kissen und Vorhänge in gedeckten Farben, ein aussagekräftiger Spiegel und ein paar gezielt positionierte Pflanzen. Die minimalistische Ästhetik ist so präzise ausformuliert, dass sie selten mit vorhandenen Dingen erreicht werden kann, sondern Neuanschaffungen nötig sind und der Konsum angeregt wird.[36]

Das Gleiche gilt für sogenannte Kapselgarderoben, also ein auf ein Minimum beschränktes Set an Kleidungsstücken. Diese Garderobe sollte aus gut kombinierbaren, schlichten Teilen bestehen. Jedoch definieren auch hier oftmals Unternehmen, Medien oder Influencer:innen sehr präzise, welche Kleidungsstücke besonders geeignet sind. Modehäuser aller Preissegmente bewerben in eigenen Abteilungen Must-haves für die Kapselgarderobe. Auch dies kann neuen Konsum anregen.

2.3.2 AUSMISTEN ALS LEGITIMATION FÜR MEHR KONSUM?

Eine andere Gefahr des Ausmistens liegt in den vielfältigen, vermeintlich hilfreichen Faustregeln. Viele Ratgeber, die zum Ausmisten anleiten, propagieren Regeln wie „Ein Ding rein – ein Ding raus“.[37] Dieses Prinzip besagt, dass nur neue Dinge gekauft werden dürfen, wenn davor ein alter Gegenstand ausgemistet wurde. Andere Ratgeber propagieren die „Erlaubnis zu kaufen“, um Ausmisten zu erleichtern. Beides suggeriert zwar anhaltende Freude, ist aber wenig nachhaltig. Denn was passiert, wenn man sich konsequent an diese Regeln hält? Nach dem Ausmisten fühlen sich die meisten Menschen erleichtert, haben das Gefühl, etwas Gutes für sich, ihr Umfeld oder die Umwelt getan zu haben. Und nun: dann gönnen sie sich nach der ganzen Mühe erst mal etwas. Schließlich „darf“ man sich laut den Prinzipien nun wieder etwas kaufen.

Dass Menschen nach dem Ausmisten fröhlich weiterkaufen, ist kein urbaner Mythos, sondern ein verbreitetes Phänomen, das sich durch den psychologischen Effekt der *moralischen Lizenzierung* erklären lässt. Dieser Effekt besagt, dass Menschen „unmoralisches“ Verhalten (z. B. ein neues Oberteil kaufen) damit rechtfertigen, dass sie sich zuvor „moralisch“ verhalten haben (z. B. alte Oberteile ausmisten und an Bekannte weitergegeben oder eine Stofftasche zum Einkaufen verwenden).[38] Dies erklärt, dass Menschen zukünftigen Konsumentscheidungen weniger kritisch gegenüberstehen und ohne Schuldgefühle „weiterkonsumieren.“ Langfristig kann das zu immer schnelleren Zyklen von Ausmisten und Neukaufen führen. Wichtig ist, diese Gefahr frühzeitig zu erkennen.

> *„Früher habe ich oft Shoppen als Belohnung für das Ausmisten und Platzschaffen gesehen.“*

2.3.3 REBOUND: GELD GESPART, AB IN DEN URLAUB?

Eine letzte Gefahr: das gesparte Geld und die neu gewonnene freie Zeit. Im besten Fall wird Ausmisten als Anlass dafür genommen, mit dem reduzierten Besitz gut auszukommen und auch keine weiteren unnötigen Dinge zu kaufen. Viele Menschen erhoffen sich von diesem Prozess, auch langfristig Geld zu sparen oder – da die Zeit nicht mehr mit Einkaufen, Verstauen und Ordnen verbracht wird – mehr Zeit für Erlebnisse zur Verfügung zu haben.[39] Hört sich vielversprechend an, oder? Das kann sogar im Sinne der Umwelt vorteilhaft sein, denn Waldspaziergänge, Schwimmbad oder Restaurantbesuche verbrauchen weniger Ressourcen als ein neuer Laptop. Allerdings ist durch die Reduktion der Ausgaben für materielle Güter auch mehr Geld für umweltschädliche Aktionen vorhanden, wie etwa für Flugreisen.[40]
Das frei gewordene Einkommen kann dann einen sogenannten *Reboundeffekt* auslösen. Dieser tritt auf, wenn der potenzielle Nutzen für die Umwelt (also z. B. Emissionseinsparungen durch weniger materielle Anschaffungen) geringer ist als der tatsächliche Nutzen (also z. B. mehr Emissionen durch Flugreisen).[41]

> *Mir ist aufgefallen, dass ich weniger brauche, als ich dachte. [...] Mir ist klar geworden, dass ich lieber Geld für gute Nahrungsmittel oder mal ein Restaurant ausgebe."*

FAZIT

- Es ist nicht immer alles Gold, wo Ausmisten draufsteht. Die optisch ansprechende Welt des Minimalismus und Ratgeber zum Ausmisten regen oft neuen Konsum an.
- Eingespartes Geld und mehr freie Zeit können dazu führen, dass Ressourcen für andere potenziell umweltschädliche Aktivitäten wie Flugreisen verwendet werden.

3. PRAKTISCHE ANWENDUNG: WIDME DICH DEINEN DINGEN

3 PRAKTISCHE ANWENDUNG: WIDME DICH DEINEN DINGEN

Im Folgenden bist nun du gefragt: In vier Phasen zeigen wir dir mit praktischen Übungen und Tipps, wie du das Ausmisten achtsam angehen kannst, um langfristig deinen Konsum zu reduzieren.

Los geht's!

PHASE 1: INTROSPEKTION

Deinen Besitz praktisch erkunden und reflektieren: Welche Dinge sind dir wichtig?

Welche Dinge sind dir wichtig und wieso ausgerechnet die? Wie konsumierst du Dinge, und welche Gewohnheiten fallen dir dabei auf? Es gibt kein Richtig und kein Falsch – hier geht es darum, deine persönlichen Einstellungen und Gewohnheiten in Bezug auf Konsum und Besitz zu beleuchten.

PHASE 2: REDUKTION

Achtsam Dinge loswerden: Welche Dinge willst du ausmisten?

Wie kannst du achtsam ausmisten und einzelne Dinge loswerden? Es gibt viele verschiedene Methoden dafür. In dieser Phase kommst du zum bewussten Ausmisten.

PHASE 3: WEITERGABE

Den Dingen einen neuen Zweck geben: wohin mit den aussortierten Sachen?

Nach dem Ausmisten ist die Arbeit (leider) noch nicht vorbei. Denn wohin mit den aussortierten Dingen? Einen Weg für die Weiterverwendung zu finden, ist ein wesentlicher Bestandteil des Ausmistens, der oft unterschätzt wird.

PHASE 4: DRANBLEIBEN

Die Kunst, zu widerstehen: Wie gelingt es, weniger zu kaufen?

Lerne, dauerhaft mit weniger auszukommen. Wie kannst du es schaffen, auch zukünftig weniger Dinge zu kaufen und anzuhäufen? Wie kannst du lernen, die Dinge, die du bereits hast, besser zu nutzen und zufrieden damit zu sein?

Hier noch ein paar Anregungen zur Verwendung der praktischen Übungen:

INTERAKTIV

Betrachte die Übungen als interaktive Möglichkeit, um einen Dialog mit dir selbst zu führen. Du kannst dabei jederzeit eine Übung überspringen und die Reihenfolge selbst festlegen.

PRAKTISCH

Nutze praktische Beispiele aus deinem Alltag, um die Übungen durchzuführen. Auf diese Weise kannst du das Gelernte später besser in dein Leben integrieren.

PERSÖNLICH

Es geht um dich, also um deine Dinge und dein Wohlbefinden. Nutze den Ratgeber für deine Themen, und stelle dich deinen persönlichen Herausforderungen.

3.1

PHASE 1: INTROSPEKTION

Deinen Besitz praktisch erkunden und reflektieren

PHASE 1: INTROSPEKTION – DEINEN BESITZ PRAKTISCH ERKUNDEN UND REFLEKTIEREN

In der ersten Phase wirst du den Blick nach innen richten. Jedes Ding in deiner Wohnung macht etwas mit dir – manches bringt dir täglich Nutzen und Freude, anderes raubt dir Platz und ist Teil deines Lebens, ohne dass es dich widerspiegelt. Was besitzt du eigentlich? Und wie gehst du mit deinen Dingen um? Begib dich nun auf eine Erkundungsreise durch dein Zuhause. Nur so kannst du herausfinden, wie viel du tatsächlich besitzt, und reflektieren, was du wirklich brauchst.

3.1.1 VERSCHAFFE DIR EINEN ÜBERBLICK: WAS BESITZT DU UND WIE VIEL?

Dein Zuhause ist voller Zeug, und du weißt nicht, wie du loslegen sollst? Ein erster Schritt kann darin bestehen, dir Überblick über deinen Besitz und die Anzahl deiner Dinge zu verschaffen. Nimm dir einen konkreten Bereich (z. B. Badezimmer, Bücher, Kleidung, Küche, Werkzeuge ...) vor, und öffne alle Schränke, Schubladen und Kellertüren. Du kannst nun systematisch nachzählen und eine Liste all deiner Besitztümer in einem Bereich anlegen. Möglicherweise bringt dich die schiere Menge an Dingen dazu, darüber nachzudenken, wie viel du wirklich brauchst.

3.1.2 ERKUNDE DIE BEZIEHUNG ZWISCHEN DIR UND DEINEN DINGEN

Beschäftige dich anschließend mit einzelnen Dingen näher. Nimm jeden Gegenstand in die Hand, und gönne dir einen Moment Zeit, um über seine Bedeutung nachzudenken. Frage dich beispielsweise: Wann und warum ist dieser Gegenstand in meine Wohnung gekommen? Bringt er mir Freude? Habe ich ihn im letzten Jahr verwendet? Ist er notwendig für mein tägliches Leben? Würde ich ihn wieder kaufen? Dieser achtsame Prozess des Nachdenkens über jedes Ding hilft nicht nur dabei, bewusste Entscheidungen darüber zu treffen, was du behalten und was du loslassen möchtest, sondern verbindet dich auch wieder mit deinen Besitztümern und den Geschichten, die sie erzählen.

Setze dich in diesem Schritt allerdings auch gerne kritisch mit der Verbindung von Freude und positiven Emotionen mit deinen Dingen auseinander. Die Beziehung zu unseren Dingen ist oft komplizierter als nur ein einfaches „Gefällt mir“ oder „Gefällt mir nicht“. Manchmal landen Dinge direkt im Müll, ohne dass wir ihre wahre Bedeutung erkennen.[42] Denn Gegenstände haben vielfältige Nutzungszwecke und können ganz unterschiedliche Gefühle in uns auslösen.

3.1.3 FINDE MEHR ÜBER DIE HERKUNFT DEINER DINGE HERAUS

Wenn du einen Schritt weitergehen möchtest, kannst du über die Reise nachdenken, die deine Dinge hinter sich gebracht haben, um zu dir zu kommen. Halte einen Moment inne, und frage dich: Aus welchem Material ist dieser Gegenstand? Wo kommen die Materialien, die für die Produktion nötig waren, her? Wer war wohl alles an der Produktion beteiligt? Durch wie viele Hände musste dieser Gegenstand gehen, damit er jetzt bei mir steht? Wie viele Ressourcen (Wasser, Energie, Ausgangsmaterialien etc.) wurden wohl für die Produktion eingesetzt? Es ist nicht wichtig, die objektiv „richtigen" Antworten auf diese Fragen zu finden. Aber das Beschäftigen mit der Herkunft hilft, den Wert eines jeden Dinges besser zu begreifen.

Egal wie günstig ein Produkt in der Anschaffung war, es stecken eine Menge Arbeit und Ressourcen darin. Wenn du das jetzt schon erkennst, fällt es dir in Zukunft vielleicht leichter, diese Aspekte bei der Neuanschaffung von Dingen zu berücksichtigen und bewusster zu konsumieren.

04

06

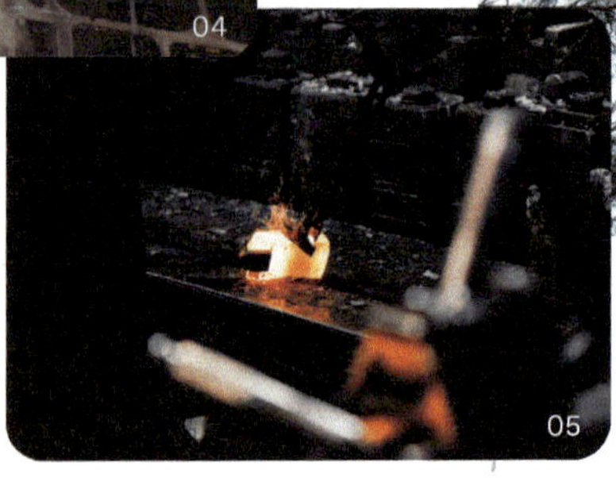
05

3.1.4 EXKURS: WAS HAT ACHTSAMKEIT MIT NACHHALTIGEM KONSUM ZU TUN?

Achtsamkeit ist in aller Munde – aber was ist das überhaupt? Achtsamkeit bedeutet, im Hier und Jetzt zu sein, ohne Wertung. Dabei konzentrierst du dich auf deinen Körper, Geist, Gefühle und Sinneseindrücke. Wie das Wort schon vermuten lässt, bist du also „achtsam“ in Bezug auf dich selbst. Achtsamkeit weist auch Parallelen mit Ansätzen der Selbstreflexion auf. Achtsamkeit suggeriert einen starken Fokus auf das eigene Wohlbefinden, ist aber auch für unser Miteinander und sogar für nachhaltigen Konsum von Bedeutung.[43] Willst du erfahren, warum?

- Den „Konsumautopilot“ ausschalten: Meist folgt unser Konsum unbewussten Routinen und eingeübten Handlungsweisen. Wir kaufen Kleidung schnell in der App auf dem Heimweg oder werfen noch unüberlegt Süßigkeiten an der Kasse auf das Band. Achtsamkeit kann dabei helfen, unbewusste Gewohnheiten zu erkennen, also den „Autopiloten“ auszuschalten und daraufhin unser Verhalten zu ändern.[44]

- Mehr so sein, wie wir wirklich sein wollen: Wenn wir unbewusst konsumieren, kaufen wir möglicherweise Dinge, die wir eigentlich gar nicht gut finden.[45] Wenn das eigene Verhalten nicht zu den Einstellungen passt, kann das zu Stress führen. Achtsamkeit kann helfen, diesen Stress zu minimieren.[46, 47]

- Mit sich selbst und immateriellen Werten im Einklang stehen: Achtsamkeit kann uns immateriellen Werten, also beispielsweise Erfahrungen, Beziehungen, Kultur oder Kreativität, näherbringen.[48] So kann es beispielsweise gelingen, den Moment in einer Kunstausstellung voll und ganz zu genießen.

- Nett zu den Menschen und dem Planeten sein: Achtsamkeit hat sogar positive Auswirkungen auf soziales Verhalten, denn wir werden durch mehr Achtsamkeit auch offener, großzügiger und freundlicher gegenüber unseren Mitmenschen.[49, 50, 51, 52] Und wusstest du: Wenn Menschen nett zu anderen sind, ist es wahrscheinlich, dass sie sich auch umweltschonender verhalten![53, 54]

Der Soziologe Hartmut Rosa macht in seinen Studien deutlich, dass es uns vor allem dann gut geht, wenn wir auf „einer Wellenlänge“ mit den Menschen und Dingen um uns herum sind. Das nennt er „Resonanz“. Um solche sogenannten Resonanzbeziehungen zu erfahren, braucht es jedoch Zeit und Achtsamkeit. Das heißt, je ausführlicher wir uns einem Produkt widmen, desto wahrscheinlicher erfahren wir Befriedigung durch die Nutzung. Doch je mehr Dinge wir besitzen, desto weniger Zeit und Aufmerksamkeit bleibt für jedes einzelne Ding übrig, um es wirklich zu genießen.[55]

Bist du neugierig geworden? Die folgenden Übungen bieten dir eine Möglichkeit zum Üben von Achtsamkeit mit deinen Dingen. Auch schlagen wir dir eine Übung zur Dokumentation vor.

FAZIT

- Deine Reise durch deine Dinge beginnt damit zu erkennen, wie sie dein Leben beeinflussen — sei es auf positive, negative oder neutrale Weise.
- Der achtsame Prozess der Reflexion über die Herkunft und den Wert deiner Gegenstände verbindet dich mit deinen Besitztümern und den Geschichten, die sie erzählen.

Es hat Spaß gemacht, unter Anleitung meinen Besitz zu reflektieren. Wenn man selbst anfängt, dann ist es immer unsystematisch. Die Liste von meinem Besitz hat mich sehr erschreckt. Ganz ehrlich!"

Die Menge an Kleidungsstücken hat mich überrascht. Ich war entsetzt, weil ich Kleidungsstücke hervorgekramt habe, von denen ich nichts mehr wusste."

ÜBUNG 1

WAS MÖCHTEST DU WIRKLICH IM LEBEN?

Schöne Urlaube, schicke Kleidung, Zeit mit Freunden ... wovon möchtest du mehr in deinem Leben haben? Und wovon hättest du gerne weniger?

1. Bitte nimm dir etwas Zeit zum Nachdenken, und liste jeweils bis zu fünf Wünsche für dein Leben auf. Alles ist hier denkbar, materielle und immaterielle Dinge.

DAVON WÜNSCHE ICH MIR MEHR:

01 ____________________

02 ____________________

03 ____________________

04 ____________________

05 ____________________

2. Bitte nimm dir nun etwas Zeit zum Nachdenken über Dinge, die keinen großen Platz mehr in deinem Leben haben sollen. Liste auch hier bis zu fünf Dinge auf.

DAVON WÜNSCHE ICH MIR WENIGER:

01 ____________________

02 ____________________

03 ____________________

04 ____________________

05 ____________________

ÜBUNG 2

WAS IST DEIN DING?

In deinem Haushalt gibt es wahrscheinlich mehrere tausend Dinge. Viele davon haben keine Bedeutung für dich und werden nie oder kaum benutzt. Andere Dinge hingegen sind dir besonders wichtig UND werden ständig genutzt. Welche Dinge in deinem Haushalt haben einen besonderen Wert für dich?

1. Bitte suche dir einen Bereich oder mehrere Bereiche in deinem Haushalt aus, mit denen du dich intensiver beschäftigen willst. Notiere ein Ding für den ausgewählten Bereich, und begründe, warum es dir wichtig ist:

Basteln	Kleidung	Spiele
Bücher	Kunst	Sport
Büroartikel	Küche	Technik & Elektronik
Garten	Musik	Unterhaltungsmedien
Haustierbedarf	Möbel	Werkzeug

Mein Lieblingsding im Bereich ______________________ ist ____________________

weil ____

Mein Lieblingsding im Bereich ______________________ ist ____________________

weil ____

Mein Lieblingsding im Bereich ______________________ ist ____________________

weil ____

Mein Lieblingsding im Bereich ______________________ ist ____________________

weil ____

Mein Lieblingsding im Bereich ______________________ ist ____________________

weil ____

„Beim Aufschreiben ist mir aufgefallen, dass ich zu meinen Lieblingsdingen meist eine emotionale Verbindung aufgebaut habe.“

ÜBUNG 3

WIE VIELE DINGE HAST DU TATSÄCHLICH?

Viele Personen unterschätzen die Anzahl der Güter, die sie besitzen. Wie ist es bei dir? Bitte zähle einmal genau nach. Gehe dabei wie folgt vor:

1. Suche dir zunächst einen Bereich aus, der dich besonders interessiert.

2. Überlege dir dann, welche Kategorien es in dem gewählten Bereich gibt. *Wenn du zum Beispiel Kleidung als Bereich wählst, so gibt es hier beispielsweise Jacken & Mäntel, T-Shirts, Socken und viele mehr als Kategorien.*

3. Zähle und dokumentiere nun alle Dinge, die du in jeder Kategorie besitzt. Achtung, das kann sehr kleinteilig werden. Du musst daher nicht zwingend jedes Ding einzeln zählen. *Zum Beispiel reicht es, wenn du Socken als Paare zählst.*

4. Zähle und dokumentiere ungenutzte Dinge (welche seit mindestens zwölf Monaten nicht mehr oder noch nie genutzt wurden).

Diese Übung ist etwas aufwendiger, aber lohnt sich sehr, wenn du zukünftig bewusster konsumieren willst. Nur so bekommst du einen guten Überblick. Du kannst die Dokumentation deiner Dinge auch mit einer Ausmistenmethode (Übung 4) kombinieren.

3.2

PHASE 2: REDUKTION

Achtsam Dinge loswerden

PHASE 2: REDUKTION – ACHTSAM DINGE LOSWERDEN

In der ersten Phase hast du dich damit beschäftigt, was dich glücklich macht, wovon du dir mehr in deinem Leben wünschst und worauf du in Zukunft verzichten könntest. Auch hast du gelernt, welche Dinge in deiner Umgebung dir regelmäßig Freude und Nutzen bringen. In dieser Phase geht es nun darum, das Gelernte auf deinen Besitz anzuwenden. Denn wenn du achtsam ausmistest, statt einfach nur zu entrümpeln, gewinnst du spannende Erkenntnisse über dich selbst und das, was dich umgibt. Achtsames Ausmisten bedeutet mehr als nur das Loswerden von überschüssigem Zeug. Es geht darum, bewusste Entscheidungen darüber zu treffen, was du behältst und wovon du dich trennst – basierend auf dem, was dir wichtig ist. Durch diesen Prozess schaffst du nicht nur eine harmonischere Umgebung, sondern gewinnst auch Einblicke in deine eigenen Werte und Prioritäten.

3.2.1 WARUM ES OFT WEHTUT, SICH VON DINGEN ZU TRENNEN, UND WIE DU DAMIT UMGEHEN KANNST

Beim Ausmisten wirst du recht schnell feststellen, dass es emotional herausfordernd sein kann, sich von Dingen zu trennen. Du bist mit deinem Empfinden nicht allein – es gibt gut erforschte Gründe dafür. Die emotionale Bindung zu persönlichem Besitz kann tiefgreifend sein, da wir dazu neigen, Erinnerungen und Erfahrungen mit physischen Objekten zu verknüpfen. Gegenstände dienen als physische Manifestationen unserer Geschichte, was ihr Entfernen emotional belastend machen kann. Forschungen haben gezeigt, dass der Verlust von Besitztümern ähnliche psychologische Auswirkungen haben kann, wie der Verlust von engen Beziehungen.[56]

Gegenstände werden oft als Erweiterungen des eigenen „Selbst“, also der Identität, wahrgenommen. Forschungen zum *„erweiterten Selbst“* zeigen, dass Besitztümer in die Identitätsbildung einfließen und so einen Trennungsschmerz auslösen.[57] Das sogenannte *Endowment-Prinzip* beschreibt, dass Menschen Dingen, die sie besitzen, einen erhöhten Wert beimessen, was dazu führt, dass der wahrgenommene Wert dieser Gegenstände bei einer Trennung als Verlust empfunden wird.[58] Dieser Effekt kann den Prozess des Ausmistens emotional herausfordernd machen, da das Gefühl des Verlustes intensiviert wird, wenn man sich von sehr persönlichen Gegenständen trennt.[59]

Ich habe mehr als genug und klammer mich trotzdem an die alten Sachen."

Viele Dinge habe ich schon sehr lang. Ich trenne mich ungern von meinen schönen Dingen, obwohl sie mir nicht mehr passen."

3.2.2 VON DER REFLEXION ZUR REDUKTION: JETZT GEHT ES ANS AUSMISTEN

Du hast nun schon viel Zeit mit deinen Dingen verbracht und über deine Beziehung zu ihnen reflektiert. Jetzt kannst du mit dem Ausmisten anfangen. Es gibt viele verschiedene Methoden dafür, aber sie alle haben dasselbe Ziel: weniger unnötigen Kram und dafür mehr Platz sowie Ordnung in deinem Zuhause.

Wenn du einen überfüllten Schreibtisch, einen überquellenden Kleiderschrank oder ein ganzes Zimmer in Angriff nimmst, ist es ein guter Start, klein anzufangen. Widme dich zunächst nur einem kleinen Bereich oder einer Ecke deines Raumes. Das ermöglicht es, dich systematisch mit deinen Dingen zu beschäftigen, ohne dich überwältigt zu fühlen.

Die folgenden Methoden zum Loslassen von Dingen haben in den letzten Jahren besonders viel Aufmerksamkeit in den Medien erfahren:

KONMARI

Bei der KonMari-Methode von Marie Kondo geht es darum, nur jene Gegenstände zu behalten, die dir Freude bereiten[60] Kategorisiere deine Dinge zunächst, und beschäftige dich dann nacheinander mit den einzelnen Kategorien. Beginne mit Kleidung, dann Büchern, Schreibwaren, Komono (verschiedene Gegenstände), und widme dich zuletzt den sentimentalen Gegenständen.

MINIMALIST GAME

Eine spielerische Methode des Ausmistens ist das Minimalist Game. Hier trennst du dich am ersten Tag von einem einzigen Gegenstand, am zweiten von zwei Gegenständen und so weiter, bis ein Monat vergangen ist.[61, 62]

VIER KISTEN

Bei der Vier-Kisten-Methode beschriftest du vier Kisten mit den Begriffen „Abfall“, „Verschenken“, „Behalten“ und „Vielleicht behalten“.[63] Nimm deine Gegenstände nacheinander in die Hand, und entscheide, in welche Kiste jedes Ding wandern soll.

Klingt interessant? Bisher ist noch nicht erforscht, inwieweit dies nachhaltige Methoden sind, die auch einen lang anhaltenden Effekt auf das Konsumverhalten haben. Alternativ kannst du auch eine der hier vorgeschlagenen Übungen verwenden. Jede Methode bietet eine unterschiedliche Perspektive auf den Prozess des Ausmistens. Finde selbst heraus, welche Methode für dich funktioniert. Ob du beim Ausmisten strukturiert vorgehst oder nicht, ist nicht so wichtig. Wichtig ist allerdings, dass du dir genügend Zeit für die Reflexion nimmst. Je stärker du dir dabei bewusst machst, warum du dich von einem Ding trennst, desto wahrscheinlicher widerstehst du in Zukunft bei einem Neukauf.

FAZIT

- Ausmisten ist nicht nur ein Weg, Platz in deiner Umgebung zu schaffen; es ist auch eine Gelegenheit zur Reflexion und zum Verständnis der Rolle materieller Besitztümer in deinem Leben.
- Indem du das Ausmisten als einen achtsamen Prozess angehst, kannst du einen Raum schaffen, der wirklich deine Prioritäten widerspiegelt und Wohlbefinden bringt.
- Reflektiertes Ausmisten ermöglicht es, dich und die Umwelt in Zukunft vor unnötigen Neuanschaffungen zu bewahren, die dich nicht glücklich machen.

ÜBUNG 4

Im Folgenden findest du drei verschiedene Methoden, um deine Dinge auszumisten. Suche dir eine der Methoden aus, oder kombiniere sie, ganz nach deinem Bedürfnis.

1. METHODE ZUM AUSMISTEN: **LEAVE-IT-METHODE**

Mit dieser Methode kannst du **ca. drei Dinge pro Tag** ausmisten und Schritt für Schritt überflüssigen Ballast loswerden. Gehe dabei folgendermaßen vor:

1. Aller Anfang ist klein! Um dich nicht zu überfordern, überlege dir, in welchem Bereich (z. B. Kleidung, Bücher) du als Erstes ausmisten möchtest.

2. Lege einen Zeitraum fest (ab Montag für z. B. vier Wochen), in dem du ausmisten willst.

3. Suche jeden Tag ca. drei Dinge in dem von dir gewählten Bereich aus, die du ausmisten willst.

4. Sieh dir die Dinge genau an, und reflektiere, was das für Dinge sind, die überflüssiger Ballast sind.

5. Überlege, wie die ausgemisteten Dinge weiterverwendet werden können, und sorge dafür, dass die ausgemisteten Dinge innerhalb der nächsten zwei Wochen auch tatsächlich deine Wohnung verlassen.

6. Bitte dokumentiere, wie viele Dinge du ausgemistet hast.

Woche 1 ________ Woche 2 ________ Woche 3 ________ Woche 4 ________

Drei Dinge sollten jeden Tag dein Haus verlassen.

ÜBUNG 4

2. METHODE ZUM AUSMISTEN: **LOVE-IT-METHODE**

Nur einen kleinen Teil der Dinge in unserem Besitz nutzen wir regelmäßig und schätzen wir wert. Bei dieser Ausmistenmethode geht es darum, die Dinge zu behalten, die dir besonders am Herzen liegen. Alles andere kann weg. Gehe dabei folgendermaßen vor:

1. Aller Anfang ist klein! Um dich nicht zu überfordern, überlege dir, in welchem Bereich du als Erstes ausmisten möchtest.

2. Überlege dir, wie viel Zeit du benötigst, um alle Dinge deines gewählten Bereichs nacheinander durchzugehen. Plane entsprechend den passenden Zeitpunkt des Ausmistens.

3. Nimm jeden einzelnen Gegenstand des Bereichs in die Hand, und überlege, ob es ein Ding ist, das dir besonders am Herzen liegt,
   - weil es für dich nützlich ist
   - weil es dich glücklich macht
   - weil du schöne Erinnerungen damit verknüpfst
   - weil du es oft verwendest und brauchst.

   Behalte nur die Dinge, die dir besonders am Herzen liegen. Alle anderen Dinge werden ausgemistet.

4. Überlege, wie die ausgemisteten Dinge weiterverwendet werden können, und sorge dafür, dass die ausgemisteten Gegenstände innerhalb der nächsten zwei Wochen auch tatsächlich deine Wohnung verlassen.

5. Bitte dokumentiere, wie viele Dinge du ausgemistet hast.

   Gesamtzahl ________

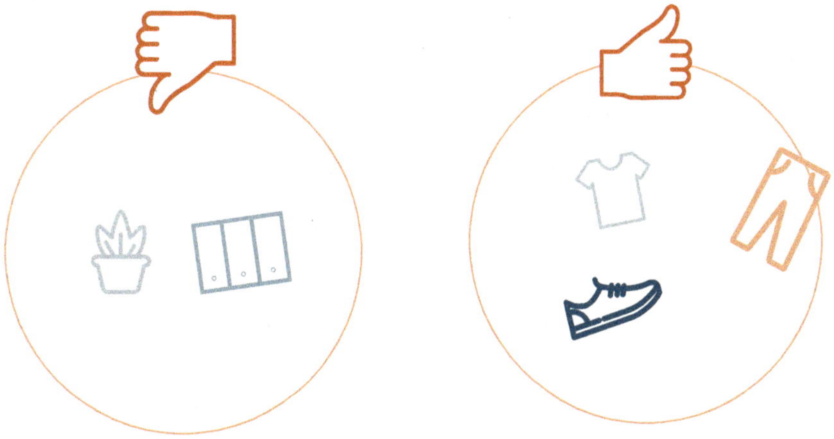

ÜBUNG 4

3. METHODE ZUM AUSMISTEN: **MIX-AND-MATCH-METHODE**

Du hast deine eigenen Ideen und Methoden zum Ausmisten? Prima, los geht's!

Tipps:
- Aller Anfang ist klein! Um dich nicht zu überfordern, überlege dir, in welchem Bereich du als Erstes ausmisten möchtest.
- Nutze die Zeit, um aufmerksam die Dinge zu betrachten, die du ausmistest oder die du behältst.
- Bitte dokumentiere, wie viele Dinge du ausgemistet hast. Du kannst die Anzahl der ausgemisteten Dinge wöchentlich hier dokumentieren oder einmalig am Ende der Ausmistenzeit:

Woche 1 ________ Woche 2 ________ Woche 3 ________ Woche 4 ________

Oder Gesamtzahl ____________________

„Ich frage mich bei allen Dingen, ob ich sie entweder regelmäßig nutze oder ob sie eine wichtige Erinnerung darstellen. Falls beides nicht zutrifft, weg damit. Außerdem ist ein wichtiger Tipp, es einfach zu versuchen. Ich hatte zunächst Bedenken, dass mir etwas fehlt, wenn ich etwas wegwerfe. Das war nie der Fall. Und wenn man diese Erfahrung mehrfach macht, fällt es einem immer leichter, leicht zu leben."

„Es ist jetzt deutlich mehr Platz in meiner Wohnung! In den Räumen wie Abstellräumen, Dachboden, Keller stehen inzwischen statt Kartons eine Tischtennisplatte oder Musikinstrumente. Jetzt sind es Räume, die mit Leben gefüllt werden."

3.3

PHASE 3: WEITERGABE

Den Dingen einen neuen Zweck geben

PHASE 3: WEITERGABE – DEN DINGEN EINEN NEUEN ZWECK GEBEN

Nach dem Ausmisten ist die Arbeit (leider) noch nicht vorbei. Denn wohin mit den aussortierten Dingen? Einen Weg zum Weiterverwenden von aussortierten Dingen zu finden, ist ein wesentlicher Bestandteil des Ausmistens, der oft unterschätzt wird. Es ist wichtig, sorgfältig zu überlegen, wie ausgemistete Sachen weiterverwendet werden können. Denn die Wegwerfkultur hat zu großen Mengen von Abfall geführt, die Deponien überfüllen und zu einer erheblichen Umweltverschmutzung beitragen. Das ist auch in Deutschland ein riesiges Problem, und es fallen jährlich enorme Mengen an Sperrmüll an.[64] Ein bewusster Umgang und die gezielte Weitergabe von aussortierten Gegenständen können dazu beitragen, die Abfallmenge zu reduzieren und somit die Umweltbelastung zu verringern.

3.3.1 DIE DINGE IM KREISLAUF – WAS HEISST DAS EIGENTLICH?

Wir häufen immer mehr Besitz an, aber viele Dinge lassen wir auch wieder los. So sind wir nur vorübergehend Besitzer:innen der Ressourcen auf diesem Planeten. Das ist nicht nur ein natürlicher Lauf der Dinge, sondern auch ein explizites Ziel der Umweltpolitik. Das Zauberwort heißt Kreislaufwirtschaft. Das Ziel besteht darin, weniger neue Dinge herzustellen und weniger Abfall zu produzieren.[65] Stattdessen sollen Produkte schon in der Herstellung so konzipiert werden, dass sie lange halten und danach wiederverwendet, recycelt oder kompostiert werden können.[66]

Auch wir können dazu beitragen, dass Dinge länger im Kreislauf bleiben. Dadurch braucht es weniger Ressourcen, deren Abbau den Planeten belastet. Beim Kauf sollten möglichst haltbare, reparierbare, anpassbare und zeitlose Produkte gekauft werden. Bei der Nutzung ist es wichtig, die Dinge sorgsam zu behandeln, zu pflegen und zu reparieren, damit sie lange genutzt werden können. So vermeiden wir, dass die Dinge schnell kaputtgehen und weggeworfen werden (müssen). Sollte man sich doch einmal dazu entscheiden, Dinge loszuwerden, dann ist es wichtig, auf deren Wiederverwendung zu achten. Dies verlängert nicht nur die Nutzungsdauer der Produkte, sondern trägt auch zu einer geringeren Nachfrage bei, was wiederum die Umweltbelastung durch Produktion, Transport und Verpackung reduziert.

3.3.2 WEGWERFEN? LIEBER NICHT! ABER WELCHE NACHHALTIGEN WEGE DER WEITERGABE GIBT ES?

Du hast ein Ding gefunden, das du wirklich nicht mehr brauchst? Dann ist es deine nächste Aufgabe, einen neuen Zweck dafür zu finden. Das ist eine regelmäßige Aufgabe im Haushalt, damit sich Dinge nicht anhäufen oder im schlimmsten Fall „gehortet“ werden.[67] Die Forschung zeigt allerdings, dass bei den meisten Menschen Bequemlichkeit ganz oben steht.[68] So ist nicht verwunderlich, dass der Weg zur Mülltonne als besonders einfacher Weg der Entsorgung wahrgenommen wird.[69] Ab in den Abfall – und schon ist der Stress, der mit der Entsorgung verbunden ist, (zumindest für dich persönlich) vorbei. Das Entsorgen ist zwar der schnellste, aber kein nachhaltiger Weg des Loswerdens von Dingen. Denn häufig können Güter nicht so gut oder nur mit viel Aufwand recycelt werden.[70, 71] Alternativen zur Entsorgung in der Mülltonne sind nicht nur aufwändiger, sondern leider auch weniger bekannt. Deshalb landen viele nutzbare Dinge im Abfall.[72]

Es gibt viele nachhaltige Möglichkeiten, um ausgemisteten Dingen einen neuen Zweck zu geben. Beispielsweise kannst du defekte Gegenstände reparieren und Dinge spenden, verkaufen, verschenken oder tauschen. Diese Maßnahmen verlängern die Nutzungsdauer der Dinge und reduzieren die Nachfrage nach neuen Konsumgütern. Auf diese Weise werden mit der Produktion verbundene Emissionen eingespart und der Verbrauch von Ressourcen verringert. Zudem tragen die Maßnahmen dazu bei, lokale Arbeitsplätze zu schaffen, und stärken so lokale Gemeinschaften. Die verschiedenen Möglichkeiten zur Weitergabe unterscheiden sich, je nachdem, ob sie innerhalb des eigenen sozialen Umfelds oder im größeren Kontext umgesetzt werden und ob ein finanzieller Handel damit verbunden ist. Im Folgenden stellen wir die unterschiedlichen Varianten vor.

> „*Für mich sind nicht nur das Ausmisten und zu viel Besitzen ein Thema, sondern auch Wiederverwendung von Dingen. Das ist für mich ein toller Motivator.“*

3.3.3 GESCHÄTZTE DINGE WEITERGEBEN: VERERBEN, VERSCHENKEN ODER TAUSCHEN

Gegenstände können wiederverwendet werden, indem sie die Besitzer:innen wechseln. Die meisten Menschen geben Dinge innerhalb ihres Haushalts, ihrer Familie oder des Freundeskreises weiter. So wird etwa das alte Besteck von der Oma vererbt, die Winterjacke vom älteren Cousin verschenkt oder das Armband mit der Freundin getauscht. Neben diesen traditionellen Formen der Weitergabe gibt es aber auch Möglichkeiten, in größerem Stil Dinge zu tauschen, etwa auf Kleidertauschpartys. Das sind Veranstaltungen, bei der jede Person nicht mehr genutzte Kleidungsstücke mitbringt, um sie gegen andere Stücke einzutauschen. Außerdem gibt es die Möglichkeit, über bestimmte Organisationen oder Plattformen im Internet Dinge zu verschenken oder zu spenden. Beispielsweise bieten viele Secondhandplattformen (z. B. eBay, Kleinanzeigen) oder Nachbarschaftsplattformen (nebenan.de) die Möglichkeit, Dinge zu verschenken.

Auch kannst du deine alten Gegenstände an gemeinnützige Organisationen spenden (z. B. Rotes Kreuz, Caritas, Diakonie, Bahnhofsmission). Beim Spenden ist es wichtig, die Transparenz und Wirkung der Wohltätigkeitsorganisationen zu prüfen, um sicherzustellen, dass die Spenden nicht zur Belastung für andere Gemeinschaften werden oder in Ländern landen, in denen sie mehr Schaden anrichten als Nutzen bringen. Mit Blick auf die Umweltbelastung durch lange Transporte ist es am nachhaltigsten, wenn du deine aussortierten Dinge lokal weitergibst. Das Verschenken über das Internet bietet die Vorteile, dass es sehr einfach ist und wenige Verpflichtungen mit sich bringt.[73] Außerdem stellt es auch eine Möglichkeit dar, mit anderen Menschen in Kontakt zu kommen und zu bleiben.[74]

> *„Ich hatte viel zu viel Zeug und fühle mich nun befreit, nachdem ich auch einige Sachen weitergeben konnte."*

3.3.4 AUSSORTIERTE DINGE ZU GELD MACHEN: VERKAUFEN ODER VERLEIHEN

Du kannst deine aussortierten Dinge natürlich auch zu Geld machen – sofern sie noch in gutem Zustand sind, versteht sich. Wenn du einen Gegenstand zwar wenig nutzt, dich aber noch nicht endgültig trennen willst, kommt auch das vorübergehende Verleihen oder Vermieten infrage.

Du kannst deine alten Dinge in Secondhandgeschäften, Sozialkaufhäusern oder auf Flohmärkten selbst verkaufen oder im Auftrag von anderen verkaufen lassen. So kaufen etwa ausgewählte Secondhandgeschäfte besonders gut erhaltene Gegenstände an und schütten einen festgelegten Prozentsatz des Erlöses an dich aus. Neben diesen analogen Varianten des Verkaufens oder Verleihens gibt es mittlerweile unzählige Plattformen im Internet, über die alte Dinge neue Besitzer:innen finden. Neben den genannten Plattformen (z. B. eBay, Kleinanzeigen) gibt es zum Teil sehr spezialisierte Plattformen zum Verkaufen von Elektronik (z. B. reBuy), Büchern (z. B. Momox), Kleidung (z. B. Vinted) oder Antiquitäten und Kunst (z. B. Pamono). Auch zum Verleihen existieren einige gute Plattformen (z. B. frent.me, nebenan.de).

Das Verkaufen oder Verleihen von Gegenständen ist im Vergleich zu anderen Möglichkeiten mit mehr Arbeit verbunden. So zeigen Studien, dass Menschen das Planen der Verkäufe sowie das Nachverfolgen und Abwickeln der Anfragen als zeitaufwendig empfinden.[75] Andererseits bieten sich finanzielle Vorteile, wenn Gegenstände von Wert verkauft werden.[76]

07

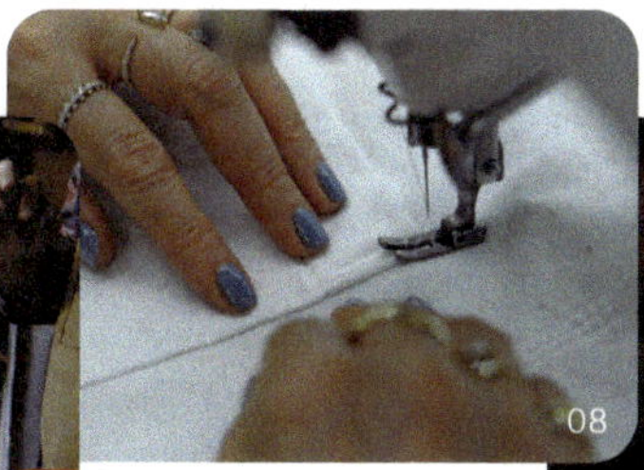
08

09

3.3.5 AUS ALTEM NEUES MACHEN: REPARIEREN, RECYCLING UND UPCYCLING

Zunächst einmal solltest du deine Gegenstände gut pflegen, regelmäßig reinigen und je nach Produktgruppe auch warten lassen. Im Falle eines Defekts gibt es oft die Möglichkeit einer Reparatur. Ein sorgsamer Umgang kann die Lebensdauer der Dinge deutlich verlängern. Die kontinuierliche Pflege erfordert etwas Zeit, Mühe und teilweise auch Wissen oder (Reparatur-)Kompetenzen.[77] Es kann aber auch viel Spaß machen, wenn man sich die notwendigen Fähigkeiten erst einmal angeeignet hat. Du hast Gegenstände, für die du keine Verwendung mehr hast, die aber nicht im besten Zustand sind, um sie zu verschenken oder zu verkaufen?

Gegenstände müssen nicht zwingend in ihrem ursprünglichen Zustand erhalten werden. Durch Upcycling kann aus alten Materialien auch Neues geschaffen werden.[78] Im Gegensatz zum Recycling, bei dem Materialien oft zerkleinert oder geschmolzen werden, um sie in neue Produkte umzuwandeln, behält Upcycling die ursprüngliche Form oder Struktur des Materials bei und gibt ihm eine neue Verwendung oder Funktion. Beispielsweise können alte Möbel aufgewertet und zu neuen Gegenständen umgebaut werden, aus alten Planen können Taschen genäht oder aus alten Flaschen Kerzenständer gebastelt werden. Beim Upcycling sind der Kreativität keine Grenzen gesetzt, und so wird es von den meisten Menschen als Vergnügen und angenehme Freizeitbeschäftigung betrachtet.[79]

Wenn du konkretere Tipps zur Weiterverwendung von aussortierten Gegenständen benötigst, schau doch einfach mal in die folgenden Tipps zur Weitergabe rein, und lasse dich inspirieren.

FAZIT

- Die Weitergabe und Wiederverwendung von ausgemisteten Gegenständen sind wichtig, um die Abfallmengen zu reduzieren und die Umweltbelastung zu verringern.
- Reparieren, Spenden, Verschenken oder Tauschen von Dingen trägt zur Abfallreduktion bei.
- Kreative Aktivitäten wie Upcycling sind nicht nur nachhaltige Möglichkeiten, alte Gegenstände in Neues zu verwandeln, sondern können auch Spaß machen.

Tipps: Was kann ich mit ausgemisteten Dingen tun?

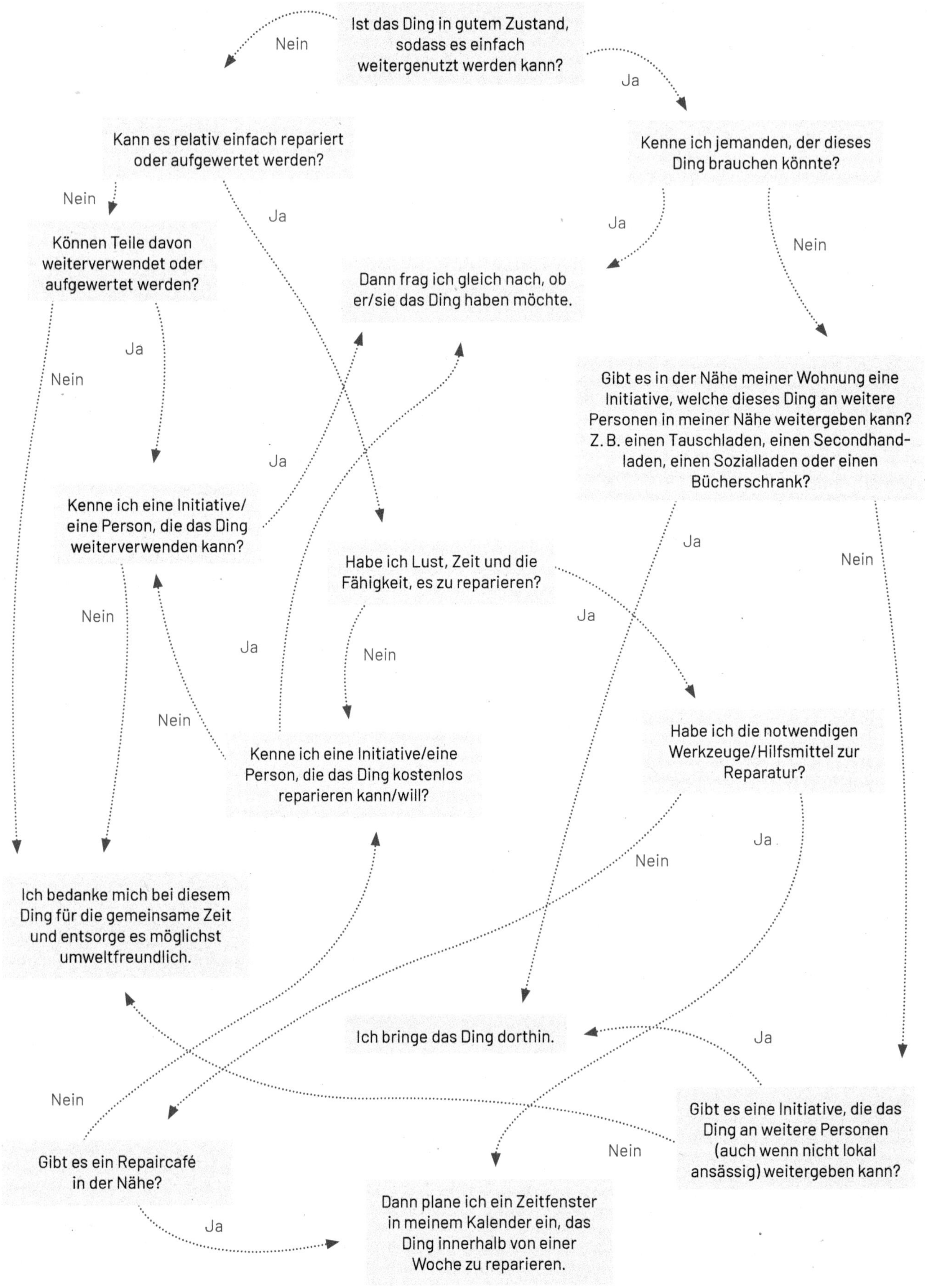

Ist das Ding in gutem Zustand, sodass es einfach weitergenutzt werden kann?
Nein
Ja
Kann es relativ einfach repariert oder aufgewertet werden?
Kenne ich jemanden, der dieses Ding brauchen könnte?
Nein
Ja
Ja
Nein
Können Teile davon weiterverwendet oder aufgewertet werden?
Dann frag ich gleich nach, ob er/sie das Ding haben möchte.
Ja
Nein
Gibt es in der Nähe meiner Wohnung eine Initiative, welche dieses Ding an weitere Personen in meiner Nähe weitergeben kann? Z. B. einen Tauschladen, einen Secondhand-laden, einen Sozialladen oder einen Bücherschrank?
Ja
Kenne ich eine Initiative/ eine Person, die das Ding weiterverwenden kann?
Ja
Nein
Habe ich Lust, Zeit und die Fähigkeit, es zu reparieren?
Nein
Ja
Ja
Nein
Nein
Habe ich die notwendigen Werkzeuge/Hilfsmittel zur Reparatur?
Kenne ich eine Initiative/eine Person, die das Ding kostenlos reparieren kann/will?
Ja
Nein
Ich bedanke mich bei diesem Ding für die gemeinsame Zeit und entsorge es möglichst umweltfreundlich.
Ich bringe das Ding dorthin.
Ja
Nein
Gibt es eine Initiative, die das Ding an weitere Personen (auch wenn nicht lokal ansässig) weitergeben kann?
Gibt es ein Repaircafé in der Nähe?
Nein
Ja
Dann plane ich ein Zeitfenster in meinem Kalender ein, das Ding innerhalb von einer Woche zu reparieren.

Tipps: Wie kann ich Dinge umweltfreundlich entsorgen?

Vor der Entsorgung:
Überlege zunächst, ob die Dinge, die du ausmistest, repariert, aufgewertet und/oder weitergegeben werden können (z. B. als Secondhandware, Spende oder Geschenk). Abfallvermeidung ist immer die beste Lösung.

Wenn du sicher bist, dass keine Weiterverwendung möglich ist, dann solltest du die Dinge möglichst nachhaltig entsorgen.

Mülltrennung und Recycling zu Hause:
Achte beim Entsorgen auf die richtigen Müllcontainer. Hier findest du hilfreiche Informationen:

- Verbraucherzentrale – *Müll richtig trennen: Gelber Sack, Restmüll, Papier oder wohin sonst?*
- Umweltbundesamt – *Wir trennen unseren Abfall*
- Gemeinsame Stelle dualer Systeme Deutschlands – *Trennhilfen für Gelber Sack, Glas und Papier*

Abgabe im Wertstoffhof:
Kaputte Kleidung, alte Elektrogeräte, Produkte mit schädlichen Inhaltsstoffen (z. B. Farben, Reinigungsmittel, Energiesparlampen), Sperrmüll, Gartenabfälle, Altholz und Druckbehälter dürfen nicht über den Hausmüll entsorgt werden, sondern sollten in kommunalen Wertstoffhöfen abgegeben werden. Informiere dich vor der geplanten Entsorgung bei deinem lokalen Wertstoffhof über die dortigen Rückgabemöglichkeiten.

Abgabe beim Händler:
Alte Elektrogeräte, Leuchtmittel, Batterien und Akkus können im Handel abgegeben werden. Seit 2016 müssen große Händler alle Geräte, die max. 25 cm Kantenlänge haben, immer kostenlos zurücknehmen.
Größere Geräte müssen beim Neukauf vom Händler zurückgenommen werden.

Rücknahmestellen für Elektrogeräte in deiner Nähe:

- Ear – *Verzeichnis der Sammel- und Rücknahmestellen*

Du kannst alte Batterien und Akkus überall dort, wo Batterien verkauft werden, z. B. im Super-, Drogerie-, Elektro- oder Baumarkt abgeben.

Weitere Entsorgungsinitiativen & Recyclingsammelstellen:
Diverse kostenlose Recyclingprogramme:

- TerraCycle Recycling

Handys:

- Handysammelcenter – *Alte Handys sammeln - Die Welt ein bisschen besser machen*
- Deutsche Umwelthilfe – *Die Handysammlung für die Umwelt*

Tipps: Wie kann ich Dinge weiterverwenden und weitergeben?

BEREICHSÜBERGREIFENDE INITIATIVEN UND PLATTFORMEN

Dinge selbst reparieren:
In diesen Werkstätten hast du einen Ort für Handwerk, Kunst, Reparatur, Recycling und andere Aktivitäten:
- Verbund offener Werkstätten – *Freiraum zum Selbermachen*

Diese Initiative bieten ehrenamtliche Treffen an, bei denen die Teilnehmer:innen alleine oder gemeinsam mit anderen ihre kaputten Dinge reparieren:
- Repaircafé – *Wegwerfen? Denkste!*
- Netzwerk Reparaturinitiativen – *Reparaturinitiativen finden, unterstützen und gründen - Vernetzung, Beratung und Austausch*

Dinge spenden:
Die Läden von Wohlfahrtsverbänden in deiner Nähe findest du unter:
- Oxfam – *Shop-Finder*
- Deutsches Rotes Kreuz – *Kleiderläden des Deutschen Roten Kreuzes*
- Caritas Karte der Hilfe – *Ihre Sachspende für den guten Zweck*

Hier findest du soziale Einrichtungen in deiner Nähe:
- Wohin damit? – *Mit Sachen einfach Freude machen*

Dinge verkaufen oder verschenken – vor Ort oder online:
Professionelle niedergelassene Secondhandanbieter findest du beispielsweise über:
- Secondhandshops – *Shops in meiner Nähe finden*

Secondhandmärkte in deiner Nähe sowie deren Termine findest du auf:
- Mein Flohmarkt Termine – *Veranstaltungsart: Secondhandmarkt*

Umsonstläden in deiner Nähe findest du unter:
- Alles und umsonst – *Verschenken macht Spaß*

Plattformen für den Verkauf oder das Verschenken von Secondhanddingen:
- Kleinanzeigen – *Kostenlos. Einfach. Lokal.*
- Shpock – *Kaufen & verkaufen — einfach & schnell*
- Quoka – *Gebraucht. Gesucht. Gefunden.*
- Reboundstuff – *Revalue your Stuff*
- Rebuy – *Verkaufe deine Elektronik und Medien*
- Gruppen auf Social-Media-Plattformen wie Facebook mit den Namen: *„zu verkaufen“, „zu verschenken“ oder „Free Your Stuff“ in deiner Region*

Tipps: Wie kann ich Dinge weiterverwenden und weitergeben?

BEREICHSSPEZIFISCHE INITIATIVEN UND PLATTFORMEN

KLEIDUNG

Kleidung selbst reparieren:
Diverse Reparaturanleitungen findest du unter:
- Kaputt – *Kleidung selbst reparieren*
- Vaude – *Pflege und Reparatur für Bekleidung*

Wie du kreativ Löcher stopfen kannst, zeigen dir:
- Smarticular – *Löcher stopfen in schön: Kaputte Kleidung reparieren mit der Sashiko-Technik*
- Utopia (Jana Fischer) – *Löcher stopfen: Eine einfache Schritt-für-Schritt-Anleitung*

Eine Anleitung, um aufgelöste Nähte zu reparieren (ohne Nähmaschine):
- Pumora (Anne Mende) – *T-Shirt-Nähte reparieren ohne Nähmaschine – Tutorial*

Kleidung reparieren lassen:
Onlineserviceangebote zur Reparatur:
- Kaputt – *Kleidung reparieren lassen*

Lieber bei dir vor Ort? Dann schau hier vorbei:
- Schneiderei oder Schuhmacher in deiner Nähe

Upcycling von Kleidung:
Eine Auswahl von Ideen für dein Upcyclingprojekt:
- Smarticular – *Upcyclingideen für alte Kleidung: Neues aus Jeans, T-Shirts und Stoffresten*
- Linda loves... (Linda Seel) – *DIY-Pulli mit Kordelmuster besticken*
- Letters and Beads (Sabine Kowalski) – *Destroyed Jeansrock nähen: Upcycling für alte Jeans*

Kleidung spenden:
Eine Übersicht über gemeinnützige Kleidersammlungsstellen:
- FairWertung – *Altkleider spenden*

Gemeinnützige Projekte unterstützt die folgende Initiative:
- Kleiderstiftung – *Kleidung sammeln und fairteilen*

Kleidung verkaufen oder verschenken:
Plattformen für den Verkauf von Secondhandkleidung:
- Vinted – *Bereit, deinen Kleiderschrank auszusortieren?*
- Mädchenflohmarkt – *Marktplatz für hochwertige Secondhanddesignermode und Vintage-Fashion*
- Kleiderkorb – *Kleidung und Accessoires kostenlos tauschen, verkaufen oder verschenken*

Tipps: Wie kann ich Dinge weiterverwenden und weitergeben?

LESE- & SCHREIBWAREN

Upcycling von Lese- & Schreibwaren:
Eine Idee für das Upcycling von Büchern findest du bei:

- Deavita (Ada Hermann) – *Recyclingbasteln mit alten Büchern – 17 tolle Upcyclingideen*

Spenden von Lese- & Schreibwaren:
Die Initiative Stiftestiften sammelt Gegenstände wie Stifte, Mäppchen oder Lineale:

- Stifte stiften – *Alte gebrauchte Stifte sammeln und spenden*

KÜCHE

Upcycling von Küchengegenständen:
Einige Ideen für das Upcycling von Küchengegenständen findest du bei:

- Deavita (Ada Hermann) – *DIY-Upcyclingideen aus alten Küchengegenständen: 31 kreative Projekte*

TECHNIK & ELEKTRONIK

Technik & Elektronik selbst reparieren:
Hier findest du Anleitungen für die Reparatur von diversen Elektro- oder Elektronikgeräten wie Tablet, Smartphone oder Spielekonsolen:

- iFixit – *Deine erste Reparatur? Reparieren kann man lernen. Du schaffst das schon!*
- Kaputt – *Welches Gerät möchtest du reparieren?*

Technik & Elektronik reparieren lassen:
Hier kannst du, gefiltert nach Handymodell und dem jeweiligen Problem, Reparaturwerkstätte finden:

- Kaputt – *Handyreparaturdienst in deiner Nähe finden*

Technik & Elektronik verkaufen:
Die Initiative bietet den Ankauf von Geräten in ihren Shops an:

- AfB social & green IT – *Aufarbeitung und Verkauf gebrauchter IT- und Mobilgeräte*

Diese Plattform bietet den Ankauf deiner Geräte an:

- Wir kaufens – *Online verkaufen mit WIRKAUFENS*

3.4

PHASE 4: DRANBLEIBEN

Die Kunst zu widerstehen

PHASE 4: DRANBLEIBEN – DIE KUNST ZU WIDERSTEHEN

Du hast deine Bedürfnisse inzwischen besser kennengelernt, dir Übersicht über deinen Besitz verschafft und ausgemistete Dinge weitergegeben. Nun geht es darum, dauerhaft mit weniger auszukommen. Wie kannst du es schaffen, zukünftig weniger Dinge zu kaufen und anzuhäufen? Wie kannst du zufrieden mit den Dingen sein, die du bereits hast?

3.4.1 DIE MACHT DER (KONSUM-)GEWOHNHEITEN

Gewohnheiten sind mächtig. Gewohnheiten sind tief verwurzelte Verhaltensmuster, die einen wesentlichen Teil unseres täglichen Lebens ausmachen. Gewohnheiten entstehen dann, wenn wir einzelne Verhaltensweisen oft wiederholen und dafür belohnt werden. Unsere Konsummuster sind solche Verhaltensweisen, die regelmäßig durch externe Reize ausgelöst und mit einer sofortigen Bedürfnisbefriedigung belohnt werden. So wiederholt sich das Einkaufsverhalten oft und findet meist an den immer gleichen Orten statt. Hinzu kommt, dass wir täglich unzähligen Konsumreizen durch Werbung oder Medien ausgesetzt sind, wodurch wir lernen, dass Konsum in unserer Gesellschaft zur sozialen und kulturellen Teilhabe dazugehört. Nach einigen Wiederholungen bildet das Gehirn neuronale Verbindungen, die es ermöglichen, die Handlungen automatisch und mit nur minimalem Aufwand auszuführen.[80]

Sobald eine Gewohnheit entwickelt wurde, können externe Reize schnell ein Konsumbedürfnis aktivieren, ohne dass eine bewusste Entscheidung getroffen wird.[81] Es kann also sein, dass du nach dem Ausmisten einkaufen gehst und, ohne es zu wollen, in alte Kaufgewohnheiten verfällst. Es liegt an dir, diese Konsumreize im richtigen Moment zu erkennen und der Macht der Gewohnheit zu widerstehen.

3.4.2 DURCH MEHR SELBSTKONTROLLE DEN KAUFREIZEN WIDERSTEHEN

Unsere Konsumgesellschaft ist geprägt von einem Überfluss an Verlockungen. An jeder Ecke lauert eine Möglichkeit, etwas zu konsumieren. Gleichzeitig gibt es in unseren Städten nur sehr wenige konsumfreie Orte. Da lauert schon ein neues Oberteil an der nächsten Ecke. Der Preis ist eigentlich zu hoch, du hast für den Monat nur noch wenig Geld übrig, und du brauchst eigentlich kein neues Oberteil? Du solltest es also nicht kaufen. Aber das Oberteil schreit scheinbar ganz laut, dass es dich glücklich machen würde? Das ist ein gängiger Konflikt zwischen kurzfristigen Wünschen und deiner Selbstkontrolle.[82]

Selbstkontrolle spielt eine entscheidende Rolle beim Widerstehen von Kaufreizen. Aber was bedeutet sie eigentlich? Selbstkontrolle ist die Fähigkeit zur Kontrolle der eigenen Handlungen. Aber auch: die Fähigkeit, diesen vielen kurzfristigen Versuchungen etwa in Form von Süßigkeiten oder ebendem neuen Oberteil zu widerstehen, also Belohnungen aufzuschieben.[83] Selbstkontrolle ermöglicht es, das Verhalten in Einklang mit langfristigen Zielen und den eigenen Normen und Werten zu bringen.

Warum versagt unsere Selbstkontrolle so oft? Das liegt zum einen daran, dass wir unterschiedliche Ziele haben, die wir miteinander vereinbaren müssen.[84] Einerseits hattest du einen stressigen Tag, und ein Ziel besteht darin, dir mit einem Kauf etwas Gutes zu tun. Ein anderes Ziel besteht darin, diesen Monat etwas Geld zu sparen. Gar nicht so einfach! Ein zweiter Grund dafür, dass uns Selbstkontrolle nicht immer so gut gelingt, ist die fehlende Nachverfolgung unseres Verhaltens.[85] Letzten Mittwoch hast du beispielsweise neue Sportschuhe gekauft, hast das aber eine Woche später schon wieder fast vergessen. Und zuletzt kann es sein, dass deine Selbstkontrolle erschöpft ist, wenn du an diesem Tag schon bei den Süßigkeiten im Büro Nein sagen musstest oder ein Sportprogramm hinter dir hast.

Die gute Nachricht ist: Selbstkontrolle ist wie ein Muskel. Wenn er viel gebraucht wird, kann er zwischenzeitlich erschöpft sein. Du kannst ihn aber gezielt trainieren, um mehr Energie für Selbstkontrolle aufzubauen.

UND WIE GEHT DAS?

Setze klare Vorgaben: Setze dir konkrete und klare Ziele für deinen Konsum, z. B. ein festes monatliches Budget für Konsumausgaben oder eine maximale Anzahl von Käufen pro Woche.

Verfolge dein Verhalten: Notiere, wann du welche Dinge gekauft hast, die über deinen täglichen Bedarf an Lebensmitteln hinausgehen. So kannst du deinen Konsum nachverfolgen und besser bewerten, ob du deine persönlichen Ziele erreicht hast oder nicht.

Übe dich darin, Belohnungen aufzuschieben: Übe dich darin, kurzfristige Belohnungen aufzuschieben. Beginne mit kleinen Schritten, und lehne erst mal eine Woche lang jegliche Impulskäufe ab. Langsam kannst du die Dauer dann steigern.

Erkenne frühzeitig Auslöser: Meist gibt es konkrete Auslöser, die uns zu Impulskäufen verleiten. Bei den einen ist es der bevorstehende Urlaub, bei den anderen die stressige Veranstaltungswoche und bei den dritten die Instagram-Werbung, die zu Käufen verleitet. Wenn du die Auslöser frühzeitig erkennst, kannst du dich darauf vorbereiten, im gegebenen Moment tief durchatmen und dich durch andere Tätigkeiten ablenken.

Senke dein Stresslevel: Konsum sorgt für einen kurzen Dopaminrausch. Diesen wirst du anfangs vermissen, wenn du deinen Konsum begrenzt. Vielen Menschen hilft Sport, Meditation oder Schlaf. Das alles kann die Selbstkontrolle und die Gesundheit des Gehirns verbessern.

Langfristig kannst du durch diese Techniken den Muskel der Selbstkontrolle trainieren. Vielleicht bereitet es dir sogar Spaß, diese Fähigkeit auch in anderen Lebensbereichen anzuwenden.

3.4.3 NACHHALTIGE GEWOHNHEITEN IM UMGANG MIT DEN DINGEN ERLERNEN

Damit du in Zukunft weniger unnütze Dinge kaufst und anhäufst, ist es wichtig, alte Konsumgewohnheiten zu verlernen und dir neue, nachhaltige Gewohnheiten anzueignen. Das kann zum Beispiel bedeuten, mehr Zeit mit den einzelnen Dingen in deinem Haushalt zu verbringen. Oder dich in Geduld zu üben und mit der Möglichkeit einer Reparatur zu beschäftigen, bevor du Ersatz kaufst. Zum Beispiel könntest du endlich lernen, Löcher im Pullover selbst zu stopfen, oder den Akku deines Smartphones einfach mal austauschen lassen. Dies alles sind nicht nur technische Fähigkeiten, die du erlernen und zu Gewohnheiten machen kannst, es geht dabei auch um einen sorgsamen Umgang mit den Dingen insgesamt.[86]

Wie können nun neue, nachhaltige Gewohnheiten im Umgang mit den Dingen entstehen? Der kurze Ratschlag lautet: Wiederhole eine Handlung regelmäßig im gleichen Kontext. Möchtest du ein wenig systematischer herangehen, so kannst du folgendem Ablauf folgen:[87]

- **Initiieren:** Die Bildung neuer Gewohnheiten beginnt. Entscheide dich zunächst für ein Ziel, das du erreichen möchtest. Wähle anschließend eine einfache Verhaltensweise, mit der du das Ziel erreichen kannst. Plane nun genau, wann und wo du diese Verhaltensweise durchführen wirst.

- **Lernen:** Nun geht es darum, das Verhalten im gewählten zeitlichen und örtlichen Kontext regelmäßig zu wiederholen, um die Verbindung zwischen Verhalten und Kontext zu stärken. Jedes Mal um die gewählte Uhrzeit und am gewählten Ort führst du das Verhalten durch.

- **Stabilisieren:** Mit der Zeit wird es einfacher, und innerhalb von zehn Wochen wirst du feststellen, dass du das Verhalten automatisch zeigst, ohne darüber nachzudenken. Die Gewohnheit hat also ihre volle Stärke erreicht.

Es kursieren etliche Gerüchte über das Bilden von neuen Gewohnheiten. So liest man immer wieder in den Medien, dass es 21 Tage dauere, bis sich neue Gewohnheiten bilden. Tatsächlich zeigt die aktuelle Forschung aber, dass es durchschnittlich etwa 66 Tage dauert, bis eine feste Gewohnheit verankert ist.[88] Der wichtigste Tipp ist also: Habe Geduld mit dir. Um den Prozess zusätzlich zu erleichtern, kannst du die neue Gewohnheit beginnen, wenn du ohnehin in einer Umbruchsphase bist (z. B. bei einem Umzug oder Arbeitsplatzwechsel).[89]

3.4.4 ZUSAMMEN IST ES LEICHTER

Alte Konsumgewohnheiten verlernen und nachhaltige Gewohnheiten erlernen – das hört sich alles anstrengend und viel an. Doch diese Veränderungen sind oft viel einfacher umgesetzt als gedacht, wenn du ein soziales Umfeld hast, das dich in deinen Bemühungen unterstützt oder selbst aktiv mitmacht. Denn Menschen sind keine Einzelgänger, sondern orientieren sich fast immer unbewusst am Verhalten der Mitmenschen, um in verschiedenen Gruppen akzeptiert oder gemocht zu werden.[90] Gerade in neuen, unsicheren Situationen kann das Verhalten anderer Menschen als Anker hilfreich sein.

WIE KÖNNEN ANDERE MENSCHEN DIR NUN KONKRET HELFEN?

- **Positionieren:** Erzähle deiner Familie, deinen Freund:innen und Bekannten von deinen Bemühungen, Konsumreizen in Zukunft zu widerstehen. Das erfordert Offenheit. Aber wenn du den ersten Schritt gegangen bist, kann dich dein soziales Umfeld dabei unterstützen.

- **Vorbilder:** Suche dir Vorbilder, die den Weg hin zu weniger Konsum schon gegangen sind. Frage deine Vorbilder nach ihren Erfahrungen und was ihnen geholfen hat.

- **Neue Gemeinschaften:** Schaue dich nach Gruppen in deiner Stadt oder Nachbarschaft um, die sich ebenfalls damit beschäftigen, weniger oder nachhaltiger zu konsumieren. Das kann zum Beispiel eine lokale Umweltinitiative, ein Tauschring, Repaircafé oder eine Online-austauschplattform sein. Nimm an einer Veranstaltung, einem Workshop oder Diskussionsforum teil, und sprich mit den Menschen dort. Vielleicht triffst du hier Gleichgesinnte.

Suchst du nach konkreten Möglichkeiten, um langfristig weniger zu konsumieren und dich stattdessen auf zwischenmenschliche Begegnungen und Erlebnisse zu fokussieren? Dann wirf doch mal einen Blick in die folgenden Übungen und Tipps.

FAZIT

- Um langfristig mit weniger Dingen auszukommen, ist es sinnvoll, sich klare Ziele zu setzen und Belohnungen aufzuschieben, um so die Fähigkeit zur Selbstkontrolle zu stärken.
- Neue, nachhaltige Verhaltensweisen müssen regelmäßig im gleichen Kontext wiederholt werden, damit sie zu Gewohnheiten werden.
- Soziale Unterstützung spielt eine wichtige Rolle beim Entwickeln nachhaltiger Gewohnheiten.

ÜBUNG 5

Fordere dich selbst heraus mit einem „Konsumdetox“. Detox bedeutet so viel wie „Entgiften“. Du gönnst dir also eine Konsumentziehungskur, in der du innerhalb eines festgelegten Zeitraumes nichts kaufst (alltagsrelevante Verbrauchsgüter/ Lebensmittel sind natürlich ausgeschlossen).

1. Plane die Konsumdetoxzeit bewusst: Lege fest, in welchem Zeitraum du nichts kaufst (z. B. ab Montag für acht Wochen), und trage dir diesen in deinen Kalender ein.

2. Überlege: Willst du einen kompletten Detox oder einen Detox in einem ausgewählten Bereich machen?
a. Kompletter Detox
b. Detox in einem ausgewählten Bereich:

Basteln	Kleidung	Spiele
Bücher	Kunst	Sport
Büroartikel	Küche	Technik & Elektronik
Garten	Musik	Unterhaltungsmedien
Haustierbedarf	Möbel	Werkzeug

Tipp: Weihe deine Freunde/Familie ein, und überlegt gemeinsam, wie ihr ohne zusätzlichen Konsum eine schöne Zeit verbringt.

Ein Detox bedeutet, immer und immer wieder den vielen Konsumreizen zu widerstehen. Das kann sich mitunter sehr herausfordernd anfühlen. Nutze daher die folgenden Fragen für ein begleitendes Tagebuch.

Vorbereitung
Überlege dir, bei welchen Dingen dir der Detox leicht- und bei welchen schwerfallen wird:

Leicht: ______________________________

____

____

Schwer: ______________________________

____

____

Auf der nächsten Seite geht es weiter…

ÜBUNG 5

Durchführung
In welchen Situationen fällt es dir besonders schwer zu widerstehen? Was hilft dir in diesen Situationen? Notiere deine Gedanken während deiner Konsumentziehungskur:

Reflexion
Dokumentiere, bei welchen Dingen und Gegenständen dir der Detox leicht- und bei welchen schwergefallen ist.

Leicht:

Schwer:

ÜBUNG 6

CHALLENGE: EINE NICHT-EINKAUFSLISTE ERSTELLEN

Oft kaufen wir Dinge, die wir später kaum oder gar nicht nutzen. Manchmal ärgern wir uns sogar über unsere Einkäufe, weil sie uns rückblickend als Verschwendung oder Fehlgriff erscheinen. Wie lässt sich das vermeiden?

So geht's:

- Reflektiere zunächst, welche Dinge du bereust, gekauft zu haben.
- Erstelle jetzt eine Liste von Dingen, die du zukünftig nicht mehr kaufen willst.
- Plane einen festen Zeitraum (z. B. ab Montag acht Wochen lang), in dem du die Dinge, die du aufgelistet hast, bewusst nicht kaufst. Du kannst die Liste immer wieder aktualisieren und mehr Dinge dazuschreiben.
- Kontrolliere dich regelmäßig, ob du deine Nichteinkaufsliste einhältst.

Beispiel Nichteinkaufsliste		
Kleidung	*Supermarkt*	*Onlineshopping*
Socken, T-Shirts	*Diverse Teesorten*	*Keine Onlineeinkäufe für 2 Wochen*

Nichteinkaufsliste		

ÜBUNG 7

CHALLENGE: AKTIVITÄTEN OHNE KAUFEN PLANEN!

Wir sind es gewohnt, Dinge oder Dienstleistungen zu kaufen. Weniger zu kaufen, setzt daher zunächst voraus, dass du überlegst, wie du deine Bedürfnisse ohne Kaufen befriedigen kannst.

So geht's:

- Nimm dir einen konkreten Zeitraum vor, und trage ihn in deinen Kalender ein (z. B. ab nächstem Montag für acht Wochen).
- Überlege in dieser Zeit vor jedem Kauf, ob und wie du ihn durch Nichtkaufaktivitäten ersetzen kannst.
- Plane bewusst schöne Aktivitäten, die ohne Kaufen auskommen. Zum Beispiel:
  - in die Natur gehen (z. B. Spazieren, Joggen, Wandern)
  - mit Freunden treffen und ein vorhandenes Gemeinschaftsspiel spielen
  - eine Tauschparty organisieren (z. B. für Bücher, Kleidung, etc.)
  - und viele mehr!
- Dokumentiere deine Nichtkaufaktivitäten.

Tipps: Wie kann ich Impulskäufe vermeiden?

Kennst du das auch? Man betritt den Supermarkt, um eine Packung Haferflocken zu kaufen, und verlässt ihn wieder mit lauter Dingen, die man eigentlich gar nicht kaufen wollte. Zu viele **unüberlegte Spontankäufe** sind nicht nur schlecht fürs **Portemonnaie**, sondern sie belasten auch **dich und die Umwelt**. Jedes neue Ding in unserem Leben kostet uns wertvolle Ressourcen in Form von Geld, Zeit oder Platz. Außerdem verbraucht jedes Ding Energie und Rohstoffe für Herstellung und Transport.

Impulskäufe entstehen schnell, spontan und unüberlegt. Am einfachsten kannst du einen Impulskauf vermeiden, indem du **deine Kaufentscheidung gezielt unterbrichst und reflektierst**.

10

11

12

Nachfolgend findest du einen Entscheidungsbaum entlang des Konsumprozesses, der dir hilft, Spontankäufe zu vermeiden.

ENTSCHEIDUNGSBAUM ZUR VERMEIDUNG VON SPONTANKÄUFEN

KAUFENTSCHEIDUNG:
Dieser Entscheidungsprozess geht dir während eines Einkaufs durch den Kopf

Verspüren eines Bedürfnisses

STOP

WAS IST MEIN BEDÜRFNIS? ZUM BEISPIEL: | KANN ICH MEIN BEDÜRFNIS AUCH OHNE EIN NEUES DING BEFRIEDIGEN?

- Lust auf etwas Neues → Lesen/sich weiterbilden
- Trost → Etwas mit Freund:innen unternehmen
- Erholung → Natur

Suche nach einem Ding, das dieses Bedürfnis befriedigen kann

STOP

KANN ICH DAS BENÖTIGTE DING AUCH BESCHAFFEN, OHNE ES NEU ZU KAUFEN? → Leih dir das Ding einfach aus … oder kaufe es gebraucht

Entscheidung für ein neues Ding und Kauf

STOP

ÜBERPRÜFE NOCH MAL, OB ES SICH UM EINEN IMPULSKAUF HANDELT!

Besitze/Besaß ich ein solches Ding bereits?

NEIN. Es ist eine Erstanschaffung.

JA

Möchte ich dieses Ding kaufen, um ein altes Ding zu ersetzen?

JA

Möchte ich dieses Ding kaufen, weil mein altes Ding unreparierbar/aufgebraucht ist?

Unreparierbar oder aufgebraucht

NÖ. Das neue Ding ist einfach besser als das alte Ding.

STOP

NEIN. Ich will einfach dieses neue Ding.

STOP

Bist du dir wirklich sicher, dass du dieses neue Ding benötigst? Am klügsten wäre es, wenn du noch mal eine Nacht darüber schläfst.

Spiele ich schon länger mit dem Gedanken, mir dieses Ding zu kaufen?

NEIN. Habe mich gerade frisch verliebt.

STOP

JA. Das plane ich schon sehr lange!

Nutze dein neues Ding richtig: Pflege, repariere und genieße es. Wenn wir achtsamer mit unseren Gütern sind, brauchen wir insgesamt weniger.

Tipps: Was kann ich tun, um dauerhaft weniger zu konsumieren?

Einkaufen nur bei Bedarf
Gehe nur dann einkaufen, wenn du wirklich etwas brauchst. Schreibe dir hierfür am besten eine Liste mit den Dingen, die du benötigst, um dich beim Einkauf auf das Nötige zu fokussieren und Impulskäufe zu vermeiden.

Lass dir Zeit
Ein weiteres effektives Mittel gegen Impulskäufe ist das Abwarten. So kann der erste Kaufimpuls häufig überwunden werden. Schreib dir beispielsweise eine Wunschliste, und nimm dir Zeit, aktiv darüber nachzudenken, welche Produkte du wirklich benötigst. Nach ein, zwei oder auch mehreren Wochen kannst du eine überlegte Entscheidung treffen.

Vorstellung von Besitz
Wir neigen dazu, die Auswirkungen von Anschaffungen auf uns zu überschätzen. Stell dir daher genau vor, wie es wäre, das gewünschte Produkt zu besitzen. So findest du heraus, ob du das Produkt tatsächlich brauchst. Kaufe nur, was dich vollständig überzeugt.

Bewusstsein für die Kosten des Konsums schaffen
Erstelle dir eine Übersicht über deine Konsumausgaben, um herauszufinden, wofür du dein Geld monatlich ausgibst.

Kaufe nachhaltig und qualitativ hochwertig
Wenn du konsumierst, solltest du darauf achten, dass die Produkte ökologisch und ethisch produziert wurden. Je höher die Qualität eines Produktes, desto länger wirst du Freude daran haben. Lieber Klasse statt Masse.

Reduziere Werbeeinflüsse
Durch „Keine Werbung!"-Aufkleber am Briefkasten, Adblocker im Browser oder das Abbestellen von Katalogen oder E-Mail-Newslettern kannst du Werbeeinflüsse minimieren und so impliziten Kaufaufforderungen entgehen. Auch auf Social Media kannst du Werbeeinflüsse gering halten, indem du Werbe-Influencern entfolgst.

Bewusste Wahrnehmung von Werbung
Es ist kaum möglich, sich in unserer heutigen Welt Werbung vollständig zu entziehen. Indem du Werbeangebote bewusst analysierst, kannst du jedoch den zum Teil implizit geweckten Kaufwunsch ausbremsen.

Investiere in Erlebniszeit statt in Dinge
Der reine Kauf von Produkten macht uns häufig nur kurzfristig glücklich. Das konkrete Nutzen und Genießen von Produkten oder Erlebnisse rufen dagegen länger Glücksgefühle in uns hervor. Nimm dir also bewusst Zeit zum Erleben und Wahrnehmen.

Ausführlichere Informationen zu den oben genannten Tipps findest du unter:
- Utopia - 7 Tipps, die dir dabei helfen, weniger zu konsumieren
- Haus von Eden - Konsumverzicht: Weniger Konsum, mehr Lebensqualität
- Fairlis - 6 Schritte zu weniger Konsum, mehr Geld und einer besseren Umwelt
- Smarticular - 8 Strategien gegen die Konsumlust
- Healthy Habits - Was du tun kannst, um weniger zu kaufen

4.

ENDE GUT, ALLES GUT?

4 ENDE GUT, ALLES GUT?

Herzlichen Glückwunsch, du hast eine Reise durch deine eigene Konsumwelt durchlebt und bist nun hier angekommen. Atme kurz aus und tief wieder ein, du hast es geschafft!

4.1 EINE VEREINBARUNG MIT DIR SELBST

Nach dem theoretischen Hintergrund und den vielen praktischen Anregungen zum Ausmisten und nachhaltigen Konsum schwirren dir bestimmt viele Gedanken, Erkenntnisse und Wünsche in deinem Kopf herum. Um diese Gedanken für die Zukunft zu sichern, kannst du hier deinem zukünftigen „Ich“ einen Brief schreiben.

IN DEM BRIEF IN DIE ZUKUNFT KÖNNTEST DU BEISPIELSWEISE FOLGENDE FRAGEN BEANTWORTEN:

- Was war deine Motivation, den Ratgeber zu lesen?
- Was hast du von den Übungen und Tipps umsetzen können?
- Welche Erkenntnisse hattest du zur Beziehung zu deinen Dingen?
- Was hat das Ausmisten mit dir gemacht?
- Was hast du über deinen Güterbesitz und dein Konsumverhalten gelernt?
- Was wünschst du dir für deinen Konsum in der Zukunft?

13

14

4.2 DEINE KONSUMÄNDERUNG UND DEIN SOZIALES UMFELD

Hast du dir vorgenommen, dein Konsumverhalten langfristig zu verändern oder zu reduzieren? Super! Im Alltag können diese Veränderungen allerdings mit unserem Sozialverhalten in Konflikt geraten. In vielen Situationen bist du nicht ganz autonom, sondern abhängig von oder sogar verantwortlich für Mitmenschen. Daher ist abschließend noch die Frage für dich zu klären: Wie kannst du deine Konsumveränderungen sensibel an dein soziales Umfeld kommunizieren?

WIE KANNST DU DEINE KONSUMVERÄNDERUNGEN SENSIBEL KOMMUNIZIEREN?

- **Richtiger Zeitpunkt:** Erzwinge das Gespräch nicht. Lass das Thema Konsum natürlich aufkommen, oder warte, bis dir eine Frage zu deinen neuen Gewohnheiten gestellt wird. Dein Umfeld wird besser reagieren, wenn sie das Thema ansprechen.

- **Kenne dein Gegenüber:** Passe deine Botschaft an dein Gegenüber an. Versetze dich kurz in die Lage der anderen Person: Wie könnte sie deine Haltung auffassen?

- **Gespräche, nicht Vorträge:** Führe eine Unterhaltung, und halte keinen Vortrag. Sei freundlich, höre zu und stelle Fragen. Deine neuen Gewohnheiten müssen vom Gegenüber erst mal aufgenommen und verarbeitet werden.

- **Einfühlungsvermögen zeigen:** Ein einfühlsamer Weg, um das Gespräch zu beginnen, ist es, deine eigene Geschichte zu erzählen. Erzähle von deiner Reise zu einem nachhaltigeren Konsum.

- **Lasse dein Verhalten sprechen:** Zeige deinem Gegenüber konkret, wie du Überblick über deinen Besitz behältst und weniger konsumierst.

5.
HINTERGRUND

5. HINTERGRUND

Dieser Ratgeber basiert auf den Ergebnissen des Forschungsprojekts „MeinDing! – Ich bin, was ich (nicht) habe“.

Das Citizen-Science-Projekt wurde vom Bundesministerium für Bildung und Forschung (BMBF) gefördert und von April 2021 bis September 2024 durchgeführt. Es gehört zu 15 Projekten, die die Zusammenarbeit von Bürger:innen und Wissenschaftler:innen inhaltlich und methodisch voranbringen und Antworten auf gesellschaftliche Herausforderungen geben sollen.

In dem Projekt wurden gemeinsam mit Projektpartnern und Bürgerwissenschaftler:innen Maßnahmen zur Besitzreflexion und -reduktion erforscht. Wir wollten herausfinden, ob und inwieweit gezieltes Ausmisten, kombiniert mit Reflexionsübungen, dazu beitragen kann, langfristig ressourcenleicht zu leben.

Wir bedanken uns bei allen Bürgerforschenden, die am Projekt „MeinDing!“ teilgenommen haben. Danke auch für die wertvolle Unterstützung unserer Praxispartner.

PROJEKTPARTNER

Technische Universität Berlin

ConPolicy – Institut für Verbraucherpolitik

co2online – Klimaschutz, der wirkt.

PRAXISPARTNER

verbraucherzentrale Berlin

UfU – Bildung Umwelt Chancengleichheit

FASHION REVOLUTION GERMANY

FÖRDERMITTELGEBER

Bundesministerium für Bildung und Forschung

BÜRGER FORSCHUNG – Wissenschaft für alle!

6.
VERZEICHNISSE

6. VERZEICHNISSE

6.1 LITERATURVERZEICHNIS

1 Greenpeace (2015). Wegwerfware Kleidung. Repräsentative Greenpeace-Umfrage zu Kaufverhalten, Tragedauer und der Entsorgung von Mode. https://www.greenpeace.de/sites/default/files/publications/20151123_greenpeace_modekonsum_flyer.pdf

2 Statista (2024): Wie lange haben Sie bereits das Smartphone, das Sie derzeit privat nutzen? Statista. https://de.statista.com/statistik/daten/studie/514801/umfrage/umfrage-zum-alter-der-genutzten-smartphones-in-deutschland/

3 Statista. (2023). Infografik: Deutsche bunkern fast 200 Millionen Alt-Handys. Statista Daily Data. https://de.statista.com/infografik/13203/anzahl-alt-handys-in-deutschen-haushalten

4 Destatis. (2022). Neue Rekordmenge an Haushaltsabfällen im Jahr 2021. Statistisches Bundesamt. https://www.destatis.de/DE/Presse/Pressemitteilungen/2022/12/PD22_546_321.html

5 Röpke, N. (2022). Elektroschrott Deutschland. So viel Elektroschrott produziert Deutschland im Jahr. Deutsche Recycling Service GmbH. https://deutsche-recycling.de/blog/elektroschrott-deutschland-so-viel-elektroschrott-produziert-deutschland-im-jahr/

6 Destatis. (2024). Ausstattung mit Gebrauchsgütern. Statistisches Bundesamt. https://www.destatis.de/DE/Themen/Gesellschaft-Umwelt/Einkommen-Konsum-Lebensbedingungen/Ausstattung-Gebrauchsgueter/_inhalt.htm

7 ZAW. (2023). Startseite - Zentralverband der deutschen Werbewirtschaft e.V. Zentralverband der deutschen Werbewirtschaft e. V. https://zaw.de/

8 Ullrich, W. (2013). Alles nur Konsum. Kritik der warenästhetischen Erziehung (Originalausgabe). Verlag Klaus Wagenbach.

9 Reisch, Lucia (2002). Symbols for sale: Funktionen des symbolischen Konsums. Leviathan – Zeitschrift für Soziologie, Sonderheft 21, S. 226-248.

10 Hellmann, K. (2019). Der Konsum der Gesellschaft. In Konsumsoziologie und Massenkultur. https://doi.org/10.1007/978-3-658-22251-2

11 Belk, R. W. (1988). Possessions and the Extended Self. Journal of Consumer Research, 15(2), 139–168. https://doi.org/10.1086/209154

12 Belk, R. W. (1985). Materialism: Trait aspects of living in the material world. Journal of Consumer research, 12(3), 265-280.

13 Diener, E., & Biswas-Diener, R. (2002). Will money increase subjective well-being? Social indicators research, 57(2), 119-169. https://doi.org/10.1023/A:1014411319119

14 Rebouças, R. & Soares, A. M. (2021). Voluntary simplicity: a literature review and research agenda. International Journal of Consumer Studies, 45(3), 303–319. https://doi.org/10.1111/ijcs.12621

15 Muster, V., Iran, S. & Münsch, M. (2022). The cultural practice of decluttering as household work and its potentials for sustainable consumption. Frontiers in Sustainability, 3, 958538. https://doi.org/10.3389/frsus.2022.958538

16 Blackburn, R., Leviston, Z., Walker, I., & Schram, A. (2023). Could a minimalist lifestyle reduce carbon emissions and improve wellbeing? A review of minimalism and other low consumption lifestyles. WIREs Climate Change, 15(2), e865. https://doi.org/10.1002/wcc.865

17 Hook, J. N., Hodge, A. S., Zhang, H., van Tongeren, D. R., & Davis, D. E. (2023). Minimalism, voluntary simplicity, and well-being: A systematic review of the empirical literature. The Journal of Positive Psychology, 18(1), 130–141. https://doi.org/10.1080/17439760.2021.1991450

18 Lloyd, K., & Pennington, W. (2020). Towards a theory of minimalism and wellbeing. International Journal of Applied Positive Psychology, 5(3), 121–136. https://doi.org/10.1007/s41042-020-00030-y

19 Hook, J. N., Hodge, A. S., Zhang, H., van Tongeren, D. R., & Davis, D. E. (2023). Minimalism, voluntary simplicity, and well-being: A systematic review of the empirical literature. The Journal of Positive Psychology, 18(1), 130–141. https://doi.org/10.1080/17439760.2021.1991450

20 Muster, V., Iran, S. & Münsch, M. (2022). The cultural practice of decluttering as household work and its potentials for sustainable consumption. Frontiers in Sustainability, 3, 958538. https://doi.org/10.3389/frsus.2022.958538

21 Glucksmann, M. (2016). Completing and complementing: the work of consumers in the division of labour. Sociology, 50(5), 878–895. https://doi.org/10.1177/0038038516649553

22 Muster, V., Iran, S. & Münsch, M. (2022). The cultural practice of decluttering as household work and its potentials for sustainable consumption. Frontiers in Sustainability, 3, 958538. https://doi.org/10.3389/frsus.2022.958538

23 Chamberlin, L., & Callmer, Å. (2021). Spark joy and slow consumption: An empirical study of the impact of the KonMari Method on acquisition and wellbeing. Journal of Sustainability Research, 3(1). https://doi.org/10.20900/jsr20210007

24 Chamberlin, L., & Callmer, Å. (2021). Spark joy and slow consumption: An empirical study of the impact of the KonMari Method on acquisition and wellbeing. Journal of Sustainability Research, 3(1). https://doi.org/10.20900/jsr20210007

25 Solomon, M. R. (2020). Motivation and affect. In M. R. Solomon (Hrsg.), Consumer behavior: Buying, having, and being. 13, 165-195. Pearson.

26 Martin-Woodhead, A. (2022). Limited, considered and sustainable consumption: The (non)consumption practices of UK minimalists. Journal of Consumer Culture, 22(4), 1012–1031. https://doi.org/10.1177/14695405211039608

27 Dubois, G., Sovacool, B., Aall, C., Nilsson, M., Barbier, C., Herrmann, A., Bruyère, S., Andersson, C., Skold, B., Nadaud, F., Dorner, F., Moberg, K. R., Ceron, J. P., Fischer, H., Amelung, D., Baltruszewicz, M., Fischer, J., Benevise, F., Louis, V. R., & Sauerborn, R. (2019). It starts at home? Climate policies targeting household consumption and behavioral decisions are key to low-carbon futures. Energy Research & Social Science, 52, 144–158. https://doi.org/10.1016/j.erss.2019.02.001

28 Hertwich, E. G., & Peters, G. P. (2009). Carbon footprint of nations: A global, trade-linked analysis. Environmental Science & Technology, 43(16), 6414–6420. https://doi.org/10.1021/es803496a

29 Wang, J., & Azam, W. (2024). Natural resource scarcity, fossil fuel energy consumption, and total greenhouse gas emissions in top emitting countries. Geoscience Frontiers, 15(2), 101757. https://doi.org/10.1016/j.gsf.2023.101757

30 Jambeck, J. R., Geyer, R., Wilcox, C., Siegler, T. R., Perryman, M., Andrady, A., Narayan, R., & Law, K. L. (2015). Plastic waste inputs from land into the ocean. Science, 347(6223), 768–771. https://doi.org/10.1126/SCIENCE.1260352

31 Palafox, C. L. (2020). When less is more: Minimalism and the environment. Environmental and Earth Law Journal, 10, 64-88. https://lawpublications.barry.edu/cgi/viewcontent.cgi?article=1085&context=ejejj

32 Kang, J., Martinez, C. M. J., & Johnson, C. (2021). Minimalism as a sustainable lifestyle: Its behavioral representations and contributions to emotional well-being. Sustainable Production and Consumption, 27, 802–813. https://doi.org/10.1016/j.spc.2021.02.001

33 Verfuerth, C., Henn, L., & Becker, S. (2019). Is it up to them? Individual leverages for sufficiency. GAIA - Ecological Perspectives for Science and Society, 28(4), 374–380. https://doi.org/10.14512/gaia.28.4.9

34 Fromm, E. (2017). Haben oder Sein. Die seelischen Grundlagen einer neuen Gesellschaft (ungekürzte Ausgabe, 44. Auflage). dtv. (Originalwerk publiziert 1976).

35 Wilson, A. V., & Bellezza, S. (2022). Consumer Minimalism. Journal of Consumer Research, 48(5), 796–816. https://doi.org/10.1093/jcr/ucab03

36 Muster, V., & Münsch, M. (2024). The paradox of minimalism: How the minimalism business can impede sufficiency. In M. Gossen & L. Niessen (Hrsg.), New economics (Bd. 2). Sufficiency in business: The transformative potential of business for sustainability (S. 227–240). Transcript.

37 Muster, V., & Münsch, M. (2024). The paradox of minimalism: How the minimalism business can impede sufficiency. In M. Gossen & L. Niessen (Hrsg.), New economics (Bd. 2). Sufficiency in business: The transformative potential of business for sustainability (S. 227–240). Transcript.

38 Dütschke, E., Frondel, M., Schleich, J., & Vance, C. (2018). Moral Licensing—Another Source of Rebound? Frontiers in Energy Research, 6, 38. https://doi.org/10.3389/fenrg.2018.00038

39 Vladimirova, K. (2021). Consumption corridors in fashion: deliberations on upper consumption limits in minimalist fashion challenges. Sustainability: Science, Practice and Policy, 17(1), 103-117.

40 Chamberlin, L., & Callmer, Å. (2021). Spark joy and slow consumption: An empirical study of the impact of the KonMari Method on acquisition and wellbeing. Journal of Sustainability Research, 3(1). https://doi.org/10.20900/jsr20210007

41 Reimers, H., Jacksohn, A., Appenfeller, D., Lasarov, W., Hüttel, A., Rehdanz, K., Balderjahn, I., & Hoffmann, S. (2021). Indirect rebound effects on the consumer level: A state-of-the-art literature review. Cleaner and Responsible Consumption, 3, 100032. https://doi.org/10.1016/j.clrc.2021.100032

42 A. Sandlin, J., & Wallin, J. J. (2022). Decluttering the Pandemic: Marie Kondo, Minimalism, and the "Joy" of Waste. Cultural Studies ↔ Critical Methodologies, 22(1), 96–102. https://doi.org/10.1177/15327086211049703

43 Fischer, D., Stanszus, L., Geiger, S. M., Grossman, P. & Schrader, U. (2017). Mindfulness and sustainable consumption: A systematic literature review of research approaches and findings. Journal Of Cleaner Production, 162, 544–558. https://doi.org/10.1016/j.jclepro.2017.06.007

44 Grossman, P., Niemann, L., Schmidt, S. & Walach, H. (2004). Mindfulness-based stress reduction and health benefits. Journal Of Psychosomatic Research, 57(1), 35–43. https://doi.org/10.1016/s0022-3999(03)00573-7

45 Chatzisarantis, N. L. D. & Hagger, M. S. (2007). Mindfulness and the Intention-Behavior Relationship Within the Theory of Planned Behavior. Personality And Social Psychology Bulletin, 33(5), 663–676. https://doi.org/10.1177/0146167206297401

46 Ericson, T., Kjønstad, B. G. & Barstad, A. (2014). Mindfulness and sustainability. Ecological Economics, 104, 73–79. https://doi.org/10.1016/j.ecolecon.2014.04.007

47 Rosenberg, E. L. (2004). Mindfulness and consumerism. In T. Kasser & A. D. Kanner (Eds.), Psychology and consumer culture: The struggle for a good life in a materialistic world (S. 107–125). American Psychological Association. https://doi.org/10.1037/10658-007

48 Ericson, T., Kjønstad, B. G. & Barstad, A. (2014). Mindfulness and sustainability. Ecological Economics, 104, 73–79. https://doi.org/10.1016/j.ecolecon.2014.04.007

49 Lim, D., Condon, P. & DeSteno, D. (2015). Mindfulness and Compassion: An Examination of Mechanism and Scalability. PLOS ONE, 10(2), e0118221. https://doi.org/10.1371/journal.pone.0118221

50 Burroughs, J. E. & Rindfleisch, A. (2002). Materialism and Well-Being: A Conflicting Values Perspective. Journal Of Consumer Research, 29(3), 348–370. https://doi.org/10.1086/344429

51 Kasser, T., Rosenblum, K. L., Sameroff, A. J., Deci, E. L., Niemiec, C. P., Ryan, R. M., Árnadóttir, Ö., Bond, R., Dittmar, H., Dungan, N. & Hawks, S. (2013). Changes in materialism, changes in psychological well-being: Evidence from three longitudinal studies and an intervention experiment. Motivation And Emotion, 38(1), 1–22. https://doi.org/10.1007/s11031-013-9371-4

52 Richins, M. L. & Dawson, S. (1992). A Consumer Values Orientation for Materialism and Its Measurement: Scale Development and Validation. Journal Of Consumer Research, 19(3), 303. https://doi.org/10.1086/209304

53 Pfattheicher, S., Sassenrath, C. & Schindler, S. (2015). Feelings for the Suffering of Others and the Environment. Environment And Behavior, 48(7), 929–945. https://doi.org/10.1177/0013916515574549

54 Grossman, P. (2015). Mindfulness: Awareness Informed by an Embodied Ethic. Mindfulness, 6(1), 17–22. https://doi.org/10.1007/s12671-014-0372-5

55 Rosa, H. (2016). Resonanz. Eine Soziologie der Weltbeziehung. Frankfurt am Main: Suhrkamp.

56 Csikszentmihalyi, M., & Halton, E. (1981). The meaning of things: Domestic symbols and the self. Cambridge University Press.

57 Belk, R. W. (1988). Possessions and the Extended Self. Journal of Consumer Research, 15(2), 139–168. https://doi.org/10.1086/209154

58 Thaler, R. H. (1980). Toward a positive theory of consumer choice. Journal of Economic Behavior & Organization, 1(1), 39-60.

59 Thaler, R. H. (1980). Toward a positive theory of consumer choice. Journal of Economic Behavior & Organization, 1(1), 39-60.

60 Chamberlin, L., & Callmer, Å. (2021). Spark joy and slow consumption: An empirical study of the impact of the KonMari Method on acquisition and wellbeing. Journal of Sustainability Research, 3(1). https://doi.org/10.20900/jsr20210007

61 Nicodemus, J., & Millburn, R. (2016). Minimalism: Live a Meaningful Life. Asymmetrical Press.

62 The Minimalists. (2019, Dezember 27). Play the 30-Day Minimalism Game. The Minimalists. https://www.theminimalists.com/game/

63 Frankfurter Entsorgungs-und Service GmbH (FES). (2024). Aufräumen und ausmisten – die 7 besten Methoden. reCYClist. Das Online-Magazin für Nachhaltiges. https://www.recyclist-magazin.de/post/aufraeumen-methoden

64 Statista. (2024). Haushaltsabfallaufkommen in Deutschland nach Abfallart im Jahr 2022. Statista. https://de.statista.com/statistik/daten/studie/194567/umfrage/verteilung-des-haushaltsabfalls-in-deutschland/

65 European Environment Agency. (2016). Circular economy in Europe: Developing the knowledge base. Publications Office. https://data.europa.eu/doi/10.2800/51444

66 European Environment Agency. (2016). Circular economy in Europe: Developing the knowledge base. Publications Office. https://data.europa.eu/doi/10.2800/51444

67 Wieser, H. (2019). Consumption Work in the Circular and Sharing Economy: A Literature Review.

68 Albinsson, P. A., & Perera, B. Y. (2009). From trash to treasure and beyond: the meaning of voluntary disposition. Journal of Consumer Behaviour, 8(6), 340–353. https://doi.org/10.1002/cb.301

69 Collins, R. (2013). Excessive... But not wasteful? Exploring young people's material consumption through the lens of divestment (PhD thesis). University College London, London.

70 NABU. (2021). Kreislaufwirtschaft in Deutschland. NABU - Naturschutzbund Deutschland e.V. https://www.nabu.de/umwelt-und-ressourcen/abfall-und-recycling/kreislaufwirtschaft/29818.html

71 Seelig, J. H., Stein, T., Zeller, T., & Faulstich, M. (2015). Möglichkeiten und Grenzen des Recycling. In K. J. Thomé-Kozmiensky & D. Goldmann (Hrsg.), Recycling und Rohstoffe (Bd. 8). TK Verl. Thomé-Kozmiensky. https://books.vivis.de/wp-content/uploads/2023/03/2015_RuR_55-70_Faulstich.pdf

72 Wieser, H. (2019). Consumption Work in the Circular and Sharing Economy: A Literature Review.

73 Aptekar, S. (2016). Gifts Among Strangers: The Social Organization of Freecycle Giving. Social Problems, 63(2), 266–283. https://doi.org/10.1093/socpro/spw005

74 Gregson, N., Metcalfe, A., & Crewe, L. (2007). Identity, Mobility, and the Throwaway Society. Environment and Planning D: Society and Space, 25(4), 682–700. https://doi.org/10.1068/d418t

75 Collins, R. (2013). Excessive...But not wasteful? Exploring young people's material consumption through the lens of divestment (PhD thesis). University College London, London.

76 Holmes, H. (2019). Unpicking contemporary thrift: Getting on and getting by in everyday life. The Sociological Review, 67(1), 126–142. https://doi.org/10.1177/0038026118797837

76 Ackermann, L., Mugge, R., & Schoormans, J. (2018). Consumers' perspective on product care: An exploratory study of motivators, ability factors, and triggers. Journal of Cleaner Production, 183, 380–391. https://doi.org/10.1016/j.jclepro.2018.02.099

78 Klepp, I. G., & Laitala, K. (2018). Shared use and owning of clothes: Borrow, steal or inherit. In I. Cruz, R. Ganga, & S. Wahlen (Hrsg.), Contemporary Collaborative Consumption (S. 153–177). Springer Fachmedien Wiesbaden. https://doi.org/10.1007/978-3-658-21346-6_8

79 Holmes, H. (2019). Unpicking contemporary thrift: Getting on and getting by in everyday life. The Sociological Review, 67(1), 126–142. https://doi.org/10.1177/0038026118797837

80 Verplanken, B., & Wood, W. (2006). Interventions to break and create consumer habits. Journal of public policy & marketing, 25(1), 90-103.

81 Ji, M. F., & Wood, W. (2007). Purchase and consumption habits: Not necessarily what you intend. Journal of Consumer Psychology, 17(4), 261-276.

82 Hoch, S. J., & Loewenstein, G. F. (1991). Time-inconsistent preferences and consumer self-control. Journal of consumer research, 17(4), 492-507.

83 Mischel, W., Shoda, Y., & Rodriguez, M. L. (1989). Delay of Gratification in Children. Science, 244(4907), 933–938. https://doi.org/10.1126/science.2658056

84 Baumeister, R. F. (2002). Yielding to temptation: Self-control failure, impulsive purchasing, and consumer behavior. Journal of consumer Research, 28(4), 670-676.

85 Baumeister, R. F. (2002). Yielding to temptation: Self-control failure, impulsive purchasing, and consumer behavior. Journal of consumer Research, 28(4), 670-676.

86 Wieser, H. (2019). Consumption Work in the Circular and Sharing Economy: A Literature Review.

87 Promoting habit formation. Health Psychology Review, 7(sup1), S137–S158. https://doi.org/10.1080/17437199.2011.603640

88 Lally, P., Van Jaarsveld, C. H., Potts, H. W., & Wardle, J. (2010). How are habits formed: Modelling habit formation in the real world. European journal of social psychology, 40(6), 998-1009.

89 Verplanken, B., & Wood, W. (2006). Interventions to break and create consumer habits. Journal of public policy & marketing, 25(1), 90-103.

90 Aronson, E., Wilson, T., & Akert, A. (2005). Social Psychology (5th ed.). Upper Saddle River, NJ: Prentice Hall.

6.2 ABBILDUNGSVERZEICHNIS

01 Goncharenok, M., https://www.pexels.com/photo/white-couch-on-wooden-floor-4352247/

02 Grabowska, K., https://www.pexels.com/de-de/foto/kaffee-kreativ-tasse-becher-4466255/

03 Bohovyk, O., https://unsplash.com/photos/white-bath-towel-on-white-wooden-cabinet-nPhVqChP1JI

04 Jozwiak, M., https://unsplash.com/photos/white-smoke-coming-from-building-T-eDxGcn-Ok

05 C D-X, https://unsplash.com/photos/person-holding-forging-tong-RE4KOQzKig4

06 Spiske, M., https://unsplash.com/photos/low-angle-photography-of-green-trees-during-daytime-Y-YaTBtNzKo

07 Swales, J., https://unsplash.com/photos/guitar-resting-on-table-near-person-in-the-kitchen-ieXAiNG4zkU

08 Reuben, https://unsplash.com/photos/person-wearing-silver-ring-and-gold-ring-KiBKmC48Ctg

09 Seiler, K., https://images.unsplash.com/photo-1576613109753-27804de2cba8?w=900&auto=format&fit=crop&q=60&ixlib=rb-4.0.3&ixid=M3wxMjA3fDB8MHxzZWFyY2h8Mnx8cmVwYWlyfGVufDB8fDB8fHwy

10 Fin, H., https://unsplash.com/photos/person-walking-inside-building-near-glass-2TLREZi7BUg

11 rupixen, https://unsplash.com/photos/person-using-laptop-computer-holding-card-Q59HmzK38eQ

12 Adderley, C., https://www.pexels.com/photo/woman-shopping-1727684/

13 Obymaha, D., https://www.pexels.com/photo/mother-and-daughter-on-grass-1683975/

14 Du Preez, P., https://unsplash.com/photos/people-laughing-and-talking-outside-during-daytime-nF8xhLMmg0c

AUTOR:INNEN

MARLENE MÜNSCH

ist Psychologin und arbeitet als Projektmanagerin bei ConPolicy zu den Themen nachhaltiger Konsum, Suffizienz und Kommunikation. Sie ist seit vielen Jahren den Fragen auf der Spur, wie sich Menschen verhalten (wollen), wie nachhaltige Lebensstile gelingen können und welche kleinen und großen Hürden auf dem Weg dorthin beseitigt werden müssen.

MAXIMILIAN WLOCH

absolvierte, begeistert von menschlichem Verhalten in der Wirtschaft, seinen Bachelor sowie Master in Psychologie. Neben seiner Arbeit in der Unternehmensberatung ist er nun Promovierender an der TU Berlin mit dem Schwerpunkt auf Bildung für nachhaltigen Konsum.

DR. LISA WALSLEBEN

promoviert auf dem Gebiet des psychologischen Empowerments und begeistert sich für umwelt- und sozialpsychologische Fragestellungen. An der TU Berlin widmet sie sich den Themenfeldern nachhaltiger Konsum und Suffizienz in Unternehmen.

DR. SAMIRA IRAN

ist Post-Doc-Forscherin an der TU Berlin. Neben nachhaltiger Mode umfassen ihre Forschungsinteressen die Sharing Economy, Care Economy und das Verbraucherverhalten. Ihre Arbeit trägt dazu bei, zukunftsfähige Lösungen für die Herausforderungen unserer Zeit zu entwickeln.

DR. VIOLA MUSTER

ist promovierte Sozialwissenschaftlerin. Sie forscht, berät und lehrt zu Konsum und Nachhaltigkeit bei ConPolicy und an der TU Berlin. Individuelle Verantwortung für nachhaltigen Konsum und politische Lösungen gehören für sie zusammen, um eine nachhaltige Zukunft zu gestalten.

JASMIN BEPPLER

ist Bachelorstudentin im Bereich Nachhaltiges Management an der TU Berlin. Sie ist überzeugt, dass ein ganzheitlich nachhaltiger Lebensstil und verantwortungsbewusstes Konsumverhalten entscheidend für die Zukunft sind.